感 與 知

讓「心」有意識

神經科學大師剖析感受、心智與意識之間關係的科學證據

著

日本科學大獎本田獎得主
安東尼歐‧達馬吉歐 Antonio Damasio

譯

李明芝

Feeling and Knowing:

Making the Mind Conscious

獻給漢娜

身心共築自我意識

國立中央大學認知神經科學研究所副教授　張智宏

　　此刻，閱讀著這個段落的你，無疑地知曉自己理解字句的意義；同時，你也可以輕易覺察心跳、呼吸、肢體甚至器官的位置和律動；此外，你能決定自己要不要注意環境中的音樂聲、咖啡香氣、和空氣流動。更重要的是，你明確地知道這些源自內或外的感受、訊息以及思考的內容是你自己的，而非屬於其他人或物。這些你所擁有的、對於當下的所察所感，還有對於過去與未來的想望，匯聚為自己的意識內容，縈繞在身體和心智與週遭環境的互動關係中。不僅如此，你更有能力揣想在各種情境下，其他人意識到其自我的可能樣貌，據以進行推論和選擇。

　　任何清醒的正常人都擁有上述自我意識。本書書名《感與知：讓「心」有意識》明白指出「感覺」（feeling）

與「知曉」（knowing）同為意識（consciousness）的重要基石。作者達馬吉歐自1994年出版《笛卡兒的錯誤》一書後，持續以流暢優美的文筆，將他自己以及其他神經科學家探討意識本質的尖端理論和實驗，介紹給一般大眾。《感與知》正是這一系列深刻省思的最新力作。迥異於作者過去鉅細靡遺的論述風格，此書由四十八篇核心短文構成，篇篇直入對於意識本質的深刻思辨。達馬吉歐在首篇明言，在多次與讀者交談後，發現以往他在書中滿懷熱情地想傳達的論點，卻被埋沒在長篇論證中，未能有效傳達；於是，這一次他決定只寫他認為最核心的概念，而略過構築這些概念所需的奠基與連結材料。

　　藉由精簡的篇章，作者深刻地討論了「智力」（intelligence）、「心智」（mind）、「感知」（sensing）、「知曉」（knowing）、「感受」（feeling）、「覺察」（awareness）、「清醒」（wakefulness）……等種種與意識（consciousness）有關或是作為其要素的概念，並且為讀者繪製出「意識是什麼？為什麼會有意識？」的理論藍圖：意識是神經系統與身體共構的產物，缺一不可；它和所有生物所具備的生理構造以及行為功能一般地受演化力量形塑。具備意識，讓生物對於自己身體與環境的關係的理解與控制更有彈性，而能達到更佳的存在穩態。相對地，非生物（例如礦石和雲彩）不會有意識；某些身體條件不支援或所處環境不需要動態調整適應的生物（例如植物和單

細胞生物），也不會發展出意識。此觀點明確地否定了認為「萬物有靈」的泛心論（panpsychism），也補強了認為意識純粹發生在神經系統內的物質論（materialism）不足之處。

達馬吉歐明確指出神經系統是為身體服務的，神經系統內各種功能運作演化的驅力，源自於它時時刻刻需要偵測來自於身體的資訊，設法讓身體處於穩態（homeostasis）。因此，作為反映身體在所處環境中狀態的感受，理所當然地會被優先處理，也是決定意識內容的最重要元素，不應該被意識研究者忽略。

一個好的科學理論不一定是完全正確的，但一定可以激盪出許多試圖驗證它的問題與新研究，讓人類對於整個主題領域的理解更進一步。達馬吉歐的思維為下列許多問題帶來新的思索方向：生物的意識內容與結構，如何與其神經系統的複雜度對應？當計算能力夠強大時，人工智慧是否會有意識？能否將意識複製到另一個大腦或雲端儲存系統？思覺失調、強迫症、植物人和夢境中的意識狀態是什麼樣的？意識存在於腦中特定部位嗎？

好奇這些問題的答案，或是如何思索它們的解決方向嗎？請細細品讀《感與知》吧！

參透「你」為何為「你」，才能成為更好的你

輔仁大學心理學系副教授　黃揚名

安東尼歐‧達馬吉歐（Antonio Damasio）在書中提到，現在關於意識的討論越來越多，我自己的感受也非常深刻。這某部分可能是因為近年來人工智慧快速的發展，很多貼心的客製化服務陸續問世，讓我們有種人類可能要被人工智慧的演算法取代的危機意識。

但是要取代人類的意識，哪有這麼簡單！我喜歡達馬吉歐在書中用食譜來比喻演算法則，真是太精準的說法了。雖然食譜是做一套菜的核心，但是就算獲得了食譜，演算法終究也只能把料理做出來，「他們（人們）不會獲得真正烹調和真正食物的實際味道和氣味。」（p.74）

相較於達馬吉歐的務實，近來一些影視作品，倒是對於意識都存在一些尚不切實際的想像。其中一個常出現

的，就是我們未來的科技可以完整複製人的意識，不論是要做備份保存，或移轉到另一個個體身上，都是可行的。

不過，就連當代的大夢想家伊隆・馬斯克（Elon Musk），都還不敢肖想我們能複製大腦的運作，要能夠複製意識，還是很漫長的一條路。或許也是看清這樣的事實，馬斯克的作法不是複製意識，而是想辦法讓人腦的運作可以和機器結合，想辦法讓人腦的運作升級，就有點像大家在電影《駭客任務》（*The Matrix*）中所看到的那樣。

從學術上的發現，簡單的腦機互動（Brain-Computer Interaction, BCI）已經行之有年，但老實說，目前做得最好的也只不過是動作的控制。要做到所謂的讀腦，恐怕還非常遙遠。在很受矚目的《新英格蘭醫學雜誌》（*The New England Journal of Medicine*）上，有個 2021 年的新研究[1]，說明了我們在這件事情的發展上，並不如想像中神速。

這個研究團隊，在一個有發音障礙（anarthria）病人的腦中，植入記錄腦部活動的電擊。透過二十幾個小時的大腦活動紀錄，他們後來可以很精準的（98% 正確率）預測，這個病人想要講 50 個單字庫當中的哪個單字。雖然研究上是個突破，但從現實面來說，這能力差不多相當於爸爸媽媽從一歲多孩子含糊的語調中猜出孩子想表達的究竟是什麼，也還是非常簡單的訊息。

---

1. 參考文獻：DOI: 10.1056/NEJMoa2027540

我在想，我們在解讀大腦活動上的發展之所以會這麼龜速，一部分當然是因為大腦的運作本來就相當複雜，另一部分的原因，則是很多研究者對於大腦的運作可能沒有正確的設定。

　　達馬吉歐在書中提到的，不論是關於什麼是心智、什麼是意識，以及感覺。我認為都相當有啟發性，甚至有些是讓人有點意外的，就像他認為細菌是有智力的。

　　推薦大家跟著達馬吉歐的腳步，重新思考我們身而為人，此時此刻所體會到的存在，究竟怎麼來的。當你參透這背後的道理，你或許也能更好的和自己以及他人相處！

身體感受、自我與意識

國立臺灣大學心理學系副教授、腦與意識實驗室主任

謝伯讓

　　人類如何決策？情緒是否影響行為？自我究竟為何？意識的本質又是什麼？談到這些問題，就不得不提到本書的作者，美國南加大的神經心理與哲學教授達馬吉歐（Antonio Damasio）。

　　達馬吉歐是決策、情緒、自我、與意識研究領域的頂尖人物。他最早在研究人類的行為決策時，就率先指出了「笛卡兒的錯誤」。笛卡兒認為，身體和心靈二元分立，心靈所涉及的思維和推理決策等心智能力，皆不在身體內。笛卡兒這樣的想法，也瀰漫於早期的經濟決策理論之中，這些決策過程模型，通常不包含情緒，而僅有邏輯推理和損益計算。

　　然而，腦科學的興起，在理性至上的氛圍中掀起風暴。

達馬吉歐和其他科學家在腹內側前額葉的腦傷病人身上觀察到一種奇特的現象，就是他們無法表達情緒，甚至也無法正常的經驗情緒，更重要的是，他們在決策時很容易出錯。達馬吉歐因此點出「笛卡兒的錯誤」，提出了「身體標記假說」（somatic marker hypothesis），他認為來自身體的內在感受，應該也是行為決策的重要依據之一。當腹內側前額葉受損時，病人會無法取得身體的內在感受訊號，此時就只能使用相對緩慢的邏輯推理和損益計算，決策行為也就會因此失常。

　　達馬吉歐後來更把內在的身體感受，視為是「自我」概念的重要根基。

　　「自我」這個概念，一直是哲學上困擾眾人已久的問題。為什麼人類的心中會存在著一種關於自身、持續、且穩定的自我概念？達馬吉歐認為，自我概念的起源，是因為我們的大腦創造出了一個關於內在身體的表徵地圖，並以此來做為所有其他知覺表徵的指涉參照點。這種關於內在身體的表徵，通常極為穩定且僅會緩慢變動，因此非常適合作為不變的「自我」參照點。

　　現在，在這本新書中，達馬吉歐更進一步主張，這種內在的身體感受其實就是意識的前提。他認為，大腦中的腦幹表徵了內在身體感受，也就是「自我」，而大腦皮質只是提供了知覺與意識的經驗內容而已。

　　然而，「內在感受」作為意識的前提，似乎仍有讓人

不甚滿意之處。例如「內在感受」本身難道不就是一種意識狀態嗎？把「內在感受」當成意識的前提，不是一種循環論證嗎？還有，達馬吉歐的意識主張，真的有解決查爾默斯（David Charlmers）的「意識艱難問題」？

在達馬吉歐的這本最新著作之中，你將會見識到一位學界領袖的獨特洞見。他的文風獨樹一格，用與眾不同的詞彙描繪出心靈的機制與風貌。至於他的理論正確與否，則留待讀者自行反思。意識問題的撲朔迷離與眾說紛紜，正是它千古迷人之處！

目錄

開始以前

I 存有

II 關於心智與新的表徵藝術

III 感受

VI 意識與知曉

目錄

生命這場大戲開始和結束在表演的那一刻。

　　——當代劇場大師彼得·布魯克（Peter Brook）

 開始以前

1

你正要閱讀的這本書，有些奇妙的源由。這要大大歸功於我長久以來享有的特權，還有我經常感到的挫折。特權在於當我需要大篇幅地用普通的非文學解釋複雜的科學概念時，我有充裕的空間可以使用；挫折則是來自這些年來我與許多讀者交談後，得知我滿懷熱情寫下、並且由衷希望讀者發現和欣賞的概念，在長期討論的過程中消失無蹤而幾乎沒被注意，更別說是欣賞了。

在這樣的情況下，我個人的回應向來是堅定但一直推遲的決定：**只寫我最喜歡的概念**，且僅留下用來構築這些概念的結締組織和骨架。簡單地說，就是做優秀詩人和雕刻家做得很好的事：削去非必要的，然後再削掉一些；練習俳句[1]的技藝。

當萬神殿出版社（Pantheon）的編輯丹・弗蘭克（Dan

1.譯註：日本的古典短詩，由十七音組成。

感與知

Frank）跟我說，我應該寫一本關於意識（consciousness）的精簡專書時，他可能沒預期作者樂於接受還充滿熱情。你手上的這本書不完全是他設想的，因為內容**不只**談到意識，但也相差不遠。而我沒預期的是，重新考慮和削減這麼多資料的努力，會幫助我認真面對我以前忽略的事實，進而發展出不只關於意識、還有相關過程的新洞察。至少可以說，通往發現的這一條路曲曲折折。

　　如果沒有先解決生物學、心理學和神經科學領域中的一些重要問題，那就不可能懂得意識是什麼，也無法了解意識如何發展。

　　這些問題當中首先涉及的是**智力和心智**（intelligences and minds）。我們知道，地球上數量最多的活生物體是單細胞生物，例如細菌。它們有智力嗎？它們確實有，很明顯如此。它們有心智嗎？不，我相信它們沒有，而且也沒有意識。它們是獨立自主的生物；它們顯然具有相應於所處環境的一種「認知」形式，然而它們仰賴的是根據體內恆定的指令有效地支配生命的**非外顯能力**（基於分子和亞分子過程），而不是依靠心智和意識。

　　那麼，人類呢？我們有心智，而且只有心智嗎？簡單的回答是「不」。我們當然有心智，被名為「意像」（image，亦可簡稱為「像」）的圖樣化感覺表徵滿滿佔據，**而且**我們也擁有在較簡單有機體上作用相當良好的非

外顯能力。我們受到兩種類型的智力支配，仰賴的認知有兩種。第一種是人類長久以來一直在研究和珍惜的。它的基礎在於推理和創造力，隨著操弄名為「意像」的外顯訊息模式而定。第二種是細菌也有的非外顯能力，這是地球上多數生命賴以生存並持續依賴的一種智力。這種智力目前在心智檢驗上仍不為人知。

我們必須解決的第二個問題是關於感受（feeling）的能力。**我們如何能感到愉悅和痛苦、安適和不適、快樂和難過呢？** 傳統的答案人盡皆知：大腦讓我們有所感受，我們需要做的只是研究特定感受背後的特定機制。然而，我的目標不在於闡明這個或那個特定感受的化學作用或神經關聯，這是神經生物學一直試圖解決且有些成果的重要議題。

我的目標不同於此。我希望了解，是什麼作用機制讓我們的**心智經驗到**明顯發生在**身體的物質範疇**的過程。從物質身體到心智經驗的有趣急轉，依照慣例被歸因於大腦的幫忙，具體地說是名為神經元的物理和化學裝置的活動。達成這種了不起的轉換顯然需要神經系統，但並**沒有神經系統獨自進行的證據**。此外，還有許多人認為，讓物質身體能懷有心智經驗的有趣急轉是難以解釋的。

我試圖要回答這個關鍵問題，於是把焦點放在兩種觀察上。其中之一是跟內感神經系統獨特的解剖和功能

特徵有關，所謂的內感神經系統是負責把信號從身體發送到大腦的系統。這些特徵完完全全不同於其他感覺通路具有的特徵，雖然其中有些過去曾被記錄，但它們的重要性卻一直受到忽略。然而，它們有助於解釋對經驗血肉之軀產生決定性作用的「身體信號」和「神經信號」的獨特融合。

另一個相關的觀察涉及身體和神經系統之間同樣獨特的關係，具體來說，就是前者（身體）將後者（神經系統）完全容納在自己的邊界之內。**神經系統（包括它的自然核心——大腦）全體位在身體本身的範圍之內，而且十分熟悉身體。**因此，身體和神經系統可以**直接充分互動**。沒有什麼可以與我們的有機體外部世界和我們的神經系統之間的關係相比。這種獨特編排的驚人結果是，感受並非常規的身體知覺，而是同時熟練掌握身體和大腦的**混合物**。

這種混合狀態或許有助於解釋**為什麼感受和推理之間有著極大的區別、卻非互相對立，為什麼我們是會思考的感受生物、也是會感受的思考生物。**我們根據環境需要，在生活中經歷感受或推理或兩者兼具。人性受益於豐富的外顯和非外顯智力，也受益於感受和推理的運用，無論是單獨或結合使用。但很顯然，這麼大量的智力還不足以讓我們好好對待人類同胞，更別說是其他生命。

了解重要的新事實後，我們終於準備好直接處理意識。**大腦如何供應我們攸關人類存在 ── 攸關我們自身──的心智經驗呢？**誠如我們即將看見的，可能的答案令人難以置信地變得一目了然。

2

　在我們繼續以前，我必須簡單說說我研究心理現象的方法。可以肯定的是，方法始於心理現象本身，此時個體進行內省並且報告自己的觀察。內省有其限制，但它沒有競爭對手，更遑論替代品。內省為我們希望了解的現象打開唯一一道直達窗口，它也功不可沒地服務了科學家和藝術天才：威廉‧詹姆士（William James）、西格蒙德‧佛洛伊德（Sigmund Freud）、馬塞爾‧普魯斯特（Marcel Proust）和維吉尼亞‧吳爾芙（Virginia Woolf）。經過一百多年後，我們可以聲稱有些進展，但他們的成就依然卓越非凡。

　現在，內省的結果可以連上其他方法得到的結果，並且因此更加豐富，那些方法也考慮到心理現象，但研究偏頗地著重在（a）行為表現，以及（b）生物學、神經生理學、生理化學和社會相關性。最近幾十年間，幾項科技進

展徹底改革了這些方法，賦予它們相當強大的力量。你接下來要閱讀的內容，依據的就是整合這樣正式的科學成果和內省的結果後加以檢選的成果。

抱怨自我觀察的缺點與其明顯的限制，或就此而抱怨涉及心理現象的科學性質不直接，幾乎沒什麼好處。因為沒有其他方法可以繼續進行，而且越來越先進的多面向技術已大幅縮減了這些困難。

最後的告誡：這種多管齊下的方法所產生的事實需要詮釋。它們提出了用可能的最佳方式說明事實的概念和理論。有些概念和理論相當符合事實，而且十分令人信服，但毫無疑問地，它們接下來需要被當作假設，進行適當的實驗檢測，然後由證據決定支持或不支持。無論再怎麼有吸引力，我們都不應該把理論和驗證過的事實混為一談。另一方面，還有個情況是，在討論像心理事件這般複雜的現象時，如果驗證還沒個影，我們通常就不得不接受似真性。

I 存有

🧩 太初沒有道

　　太初沒有道 [1]，這點很清楚。並不是說天地萬物曾經
相當簡單，其實正好相反，從四十億年前的一初始就十分
複雜。沒有言語或思想、沒有感受或推理，也沒有心智
或意識，生命就這麼向前邁進。然而，活生物體感覺到
其他相像的生物體，並且感覺到自己的環境。我所謂的感
覺（sensing）是指偵測「存在」：另一個完整生物體、位
在另一個生物體表面的分子，或另一個生物體分泌的分子
的存在。感覺**不是**知覺，也**不是**根據其他什麼來建構一個
「模式」以此創造那個什麼的「表徵」，並且在心中產生
「意像」。從另一個角度來看，感覺是最基礎的一種認知。

　　更令人驚訝的是，活生物體對他們所感覺的做出**有智
力**的反應。有智力的反應，意思是說這個反應有助於延續

---

1. 譯註：In the beginning was the word 出自《約翰福音》1:1，和合本
　　翻譯為「太初有道」。

他們的生命。舉例來說，如果他們感覺到的東西會造成問題，智力反應就是解決問題的反應。然而重要的是，這些簡單生物的聰明，仰賴的不是現今我們的心智使用的那種外顯知識，也就是需要表徵和意像的那種知識。而是仰賴一種隱藏的能力，這種能力考慮的目標僅止於維持生命。這種非外顯智力負責規劃經營生命，依據**體內恆定**的規則和調節加以管理。什麼是體內恆定呢？體內恆定可以想成一套操作方式的規則，按照沒有文字和圖表的奇特指導手冊持續不斷地執行。這些指示確保了賴以維生的參數（例如營養素的存在與否、溫度或pH值的高低程度）維持在理想的範圍之內。

　　請記住：太初沒有說出的道、也沒有記下的道，就連在精確的生命調節手冊中都沒有。

 生命的目的

我知道，談論生命的目的可能造成一些不舒服，但從各個活生物體的單純角度考量，生命絕對脫離不了一個明顯的目標：維持生命，直到最終因衰老而逝去。

生命達成這個目標的最直接作法是遵守體內恆定的指令，這組錯綜複雜的調節程序，在生命以早期的單細胞生物首次亮相時，就讓生命得以是生命。最終，當多細胞和多系統生物成為主流時（大約經過35億年），體內恆定得到了新近演化名為神經系統的協調裝置的協助。打好神經系統的基礎，不只是為了管理行動，也為了表徵模式。圖（maps）與像（images）即將出現，而心智（minds）──因神經系統而成為可能的感受和意識心智──成為結果。經過幾億年的時間，體內恆定逐漸開始部分受到心智支配。為了更良好地管理生命，現在需要的只是根據記憶知識的創造性推理。

另一方面，感受和創造性推理在意識允許的支配新層級中，開始發揮重要作用。這些發展擴大了生命的目的：當然還是要生存，但再加上很大部分源自於自己的智力創作產物經驗的充裕安適。

生存的目標和體內恆定的指令，時至今日仍同時在細菌之類的單細胞生物中和我們的體內運作。然而，協助這個過程的智力種類，在人類和單細胞中並不相同。簡單、無心的有機體只有非外顯、非意識的智力可用，它們的智力缺乏顯性表徵所產生的豐富資源和力量。人類則是兼具兩種智力。

隨著討論生命和不同物種仰賴的智力管理種類，我們可以越來越清楚地看出我們需要確認這些生物可用的具體、獨特策略有哪些，並且為它們構成的功能步驟命名。

感覺（偵測）是最基本的，我相信它存在於所有的生命形式。接下來是**心思**（minding），它需要神經系統，以及表徵和意像的創作產物——心智的關鍵成分。心像（mental images）無時無刻在流動，而且毫無限制地接受操弄，以便產生新穎的意像。我們即將會看到，心思鋪展了通往**感受**和**意識**的道路。如果我們不堅持區別這些中間步驟，就不太有希望闡明意識是什麼。

病毒帶來的難堪

　　說到有智力但無心智的能力，就讓我想起我們曾經歷的悲劇，也讓我想到有關病毒的未解問題。雖然我們成功管控了小兒麻痺症、麻疹和HIV，也有方法因應季節性流感的不便和危險，但病毒依然是讓科學和醫學丟臉的主要原因。我們疏於防備病毒引起的流行病，而提及為了清楚地討論病毒和有效處理其後果所需的科學時，我們幾乎一無所知。

　　我們在理解細菌於演化中的角色和它們相對於人類的相依性上，已有大幅的進展，這點對我們相當有利。現在，微生物體成為我們了解自己的一部分，但對病毒的認識卻完全無法相比擬。我們的麻煩始於如何分類病毒，以及了解它們在整體生命經濟中的角色。病毒是活的嗎？不，它們不是活的。病毒不是活生物體。既然如此，那為什麼我們會談論「殺死」病毒呢？病毒在生物學的大範疇

裡佔據什麼地位呢？它們在演化中屬於哪個位置呢？它們為何與如何在真正的活生物中造成嚴重的破壞？這些問題的答案往往只是暫定且含糊不清，如果考慮病毒在人類苦難中造成多大的損失，這點實在令人相當意外。比較病毒和細菌，最能提供相關情報。病毒沒有能量代謝，但細菌有；病毒不會產生能量或廢物，但細菌會。病毒無法發起活動。它們是核酸（DNA 或 RNA）和各種蛋白質的調合物。

病毒無法自行繁殖，但它們能侵入活生物體、搶奪這些生物的生命系統，並且大量增殖。簡單地說，它們不是活的，但可以寄生於活體，「偽裝」自己活著，在多數的情況下還同時摧毀讓它們持續這種模糊存在的生命，並且促進製造和傳播「自己的」核酸。就這點來看，儘管病毒的狀態不是活的，但我們無法否認它們也屬於非外顯智力種類（從細菌開始就賦予所有活生物體生命）的一部分。病毒帶有隱藏的能力，這種能力只在抵達合適的生活環境時才顯現出來。

 腦與身

任何為了說明心智和意識的存在而跳過神經系統的理論，都注定要失敗。因為實現心智、意識，以及有它們才成為可能的創造性推理，關鍵的促成因素就是神經系統。然而，**單獨**只仰賴神經系統來說明心智和意識的任何理論，也一定會失敗。遺憾的是，現今的多數理論都是如此。僅僅根據神經活動來說明意識的無望嘗試，部分原因要歸咎於把意識當作費解謎團的想法。雖然，誠如我們知道的，意識真的只在天生具有神經系統的生物中才充分浮現，但意識也真的需要這些系統的中樞部分（大腦本身）與身體的各種非神經部分之間的大量交互作用。

身體為它和神經系統的結合帶來基礎的生物智力，這種非外顯能力在滿足體內恆定的需求時支配生命，最終以感受的形式表達出來。幸虧有了神經系統才能充分實現感受的這個事實，多半不會改變這個基本的現實。

神經系統為它和身體的結合帶來讓知識外顯的可能性，憑藉的是建構出構成**意像**的空間模式，我們稍後會清楚說明。神經系統也有助於牢記意像所表徵的知識，並為這種意像操弄打開了可行性，使得反思、計畫、推理，最終是產生符號以及創造新穎的反應、工藝和想法成為可能。身體和大腦的結合，甚至設法揭露了某些生物學的祕密知識，換句話說，就是智力生命的邏輯條理。

神經系統是大自然後來添加之物

神經系統在生命史上出現的時間很晚。沒錯,神經系統怎麼算都不會是初級的。神經系統的出現是為了服務生命,當有機體的複雜性需要高層次的功能協調時,神經系統讓這樣的生命成為可能。是的,神經系統幫助產生在它來臨以前並不存在的超凡現象和功能,像是感受、心智、意識、外顯推理、口語和數學。這些「神經授權的」新穎事物,以奇特的方式擴展了非外顯的生物智力以及非外顯的認知能力所能達到的成就,它們已經就緒且具有服務生命的單一目的。神經帶來的新穎事物,致力於讓體內恆定的調節達到最佳,以及更安全地維持生命。而這正是神經系統藉由傳遞(複雜的多細胞和多系統生物需要的)高層次的功能協調所實現的成果。具有分化系統,如內分泌、呼吸、消化、免疫、生殖系統的複雜、多細胞生物,因神經系統得以留下,而具有神經系統的生物逐漸被神經系統

發明的東西（心像、感受、意識、創造力、文化）所保留。

　　神經系統是無心、無思，卻具有空前先見之明的大自然絕妙的「後來添加之物」。

🧩 存有、感受與知曉

　　活生物體的歷史始於40億年前，且已走過幾條道路。在發展出人類的那一支生命史中，我喜歡想像三種不同而連續的演化階段。第一個階段的標記是**存有**（being）；第二個階段占優勢的是**感受**（feeling）；而第三個階段是由一般涵義的**知曉**（knowing）定義。奇怪的是，從每個當代人類身上都能收集一些類似這三個階段的東西，而且它們以相同的順序發展。存有、感受與知曉這三個階段，相應於在每個人類體內共存的可分離的解剖組織和功能系統，而且在成年生活中不可或缺。 ²

---

2. 在我先前的著作《事物的奇怪順序：神經科學大師剖析生命源起、感覺與文化對人類心智發展的影響》（*The Strange Order of Things: Life, Feeling, and the Making of Culture*，商周出版），我提到了在此討論的驚人事實。生命史上首次出現的生物，可能遠比我們預期的聰明許多。若想了解生物與文化之間如何交集的新近說明，另請參見 Damasio, A. & Damasio, H., "How Life Regulation and

最簡單的活生物體，只有一個細胞（或很少數的細胞）而且沒有神經系統，從出生、長成、自我防衛，到最終死於年老、生病，或被其他生物消滅。它們是個別的存有，有能力在所處環境中挑選最佳的地點好好生活，而且有能力為自己的生命奮戰，即使它們這麼做時沒有心智的幫助，更別說是意識了。它們也不具備神經系統。它們的選擇既沒有預先設想、也缺少了反思，在缺乏由意識點亮的心智之下，你既無法預先設想、也不可能做到反思。這些存有主要根據高效率的化學程序進行它們所做的事，引導這些化學程序的是微調但隱藏的能力（與體內恆定的指令相協調），好讓生命歷程的大部分參數得以維持在適合生存的程度。達成這點沒有環境或內部的外顯表徵（換句話說，就是沒有心智）的幫助，也沒有思考和基於思想的決策判斷的援助。補足這個過程的是最低限度的認知形式，表現為（例如）「感應到」障礙物或估計特定時刻在某個空間的其他生物數量，這種能力被稱為「群聚感應」。[3]

Feelings Motivate the Cultural Mind: A Neurobiological Account", In: O. Houdé and G. Borst (Eds.) *The Cambridge Handbook of Cognitive Development*, Cambridge University Press, 2021.
3.群聚感應是細菌和其他單細胞生物有何非凡智力的顯著例子。參見 Stephen P. Diggle, Ashleigh S. Griffin, Genevieve S. Campbell, & Stuart A. West, "Cooperation and Conflict in Quorum-Sensing Bacterial Population," *Nature* 450, no. 7168 (2007): 411-14; Kenneth H. Nealson & J. Woodland Hastings, "Quorum Sensing on a Global Scale: Massive Numbers of Bioluminescent Bacteria Make Milky Seas", *Applied and Environmental Microbiology* 72, no. 4 (2006): 2295-97.

以下文獻提供關於生命歷程以及單細胞生物有何卓越能力的詳細資料：Arto Annila & Erkki Annila, "Why Did Life Emerge?," *International Journal of Astrobiology* 7, no. 3-4 (2008): 293-300; Thomas R. Cech, "The RNA World in Context," *Cold Spring Harbor Perspective in Biology* 4, no. 7 (2012): a006742; Richard Dawkins, *The Selfish Gene: 30th Anniversary Edition* (New York: Oxford University Press, 2006); Christian de Duve, *Singularities: Landmarks in the Pathways of Life* (Cambridge, U.K.: Cambridge University Press, 2005); Christian de Duve, *Vital Dust: The Origin and Evolution of Life on Earth* (New York: Basic Books, 1995); Freeman Dyson, *Origins of Life* (New York: Cambridge University Press, 1999); Gerald Edelman, *Neural Darwinism: The Theory of Neuronal Group Selection* (New York: Basic Books, 1987); Gregory D. Edgecombe & David A. Legg, "Origins and Early Evolution of Arthropods," *Palaeontology* 57, no. 3 (2014): 457-68; Ivan Erill, Susana Campoy & Jordi Barbé, "Aeons of Distress: An Evolutionary Perspective on the Bacterial SOS Response," *FEMS Microbiology Reviews* 31, no. 6 (2007): 637-56; Robert A. Foley, Lawrence Martin, Marta Mirazón Lahr, & Chris Stringer, "Major Transitions in Human Evolution," *Philosophical Transactions of the Royal Society B* 371, no. 1698 (2016), doi.org/10.1098/rstb.2015.0229; Tibor Gantí, *The Principle of Life* (New York: Oxford University Press, 2003); Daniel G. Gibson, John I. Glass, Carole Lartigue, Vladimir N. Noskov, Ray-Yuan Chuang, Mikkel A. Algire, Gwynedd A. Benders, et al., "Creation of a Bacterial Cell Controlled by a Chemically Synthesized Genome," *Science* 329, no. 5987 (2010): 52-56; Paul G. Higgs & Niles Lehman, "The RNA World: Molecular Cooperation at the Origins of Life," *Nature Reviews Genetics* 16, no. 1 (2015): 7-17; Alexandre Jousset, Nico Eisenhauer, Eva Materne, & Stefan Scheu, "Evolutionary History Predicts the Stability of Cooperation in Microbial Communities," *Nature Communications* 4 (2013); Gerald F. Joyce, "Bit by Bit: The Darwinian Basis of Life," *PLoS Biology* 10, no. 5 (2012): e1001323; Stuart Kauffman, "What Is Life?," *Israel Journal of Chemistry* 55, no. 8 (2015): 875-79; Daniel B. Kearns, "A Field Guide to Bacterial Swarming Motility," *Nature Reviews Microbiology* 8, no. 9 (2010):634-44; Maya E. Kotas & Ruslan Medzhitov, "Homeostasis, Inflammation, and Disease Susceptibility," *Cell* 160, no. 5 (2015): 816-27; Karin E. Kram & Steven E. Finkel, "Rich Medium Composition Affects *Escherichia coli* Survival, Glycation, and Mutation Frequency

感與知

During Long-Term Batch Culture," *Applied and Environmental Microbiology* 81, no. 13 (2015): 4442-50; Richard Leakey, *The Origin of Humankind* (New York: Basic Books, 1994); Derek Le Rotih, Joseph Schiloach, Jesse Roth, & Maxine A. Lesniak, "Evolutionary Origins of Vertebrate Hormones: Substances Similar to Mammalian Insulins Are Native to Unicellular Eukaryotes," *Proceedings of the National Academy of Sciences* 77, no. 10 (1980): 6184-88; Michael Levin, "The Computational Boundary of a 'Self': Developmental Bioelectricity Drives Multicellularity and Scale-Free Cognition," *Frontiers in Psychology* (2019); Richard C. Lewontin, *Biology as Ideology: The Doctrine of DNA* (New York; HarperPerennial, 1991); Mark Lyte & John F. Cryan, *Microbial Endocrinology: The Microbiota-Gut-Brain Axis in Health and Disease* (New York: Springer, 2014); Alberto P. Macho & Cyril Zipfel, "Plant PRRs and the Activation of Innate Immune Signaling," *Molecular Cell* 54, no. 2 (2014): 263-72; Lynn Margulis, *Symbiotic Planet: A New View of Evolution* (New York: Basic Books, 1998); Humberto R. Maturana & Francisco J. Varela, "Autopoiesis: The Organization of Living," in *Autopoiesis and Cognition*, ed. Humberto R. Maturana & Francisco J. Varela (Dordrecht: Reidel, 1980), 73-155; Margaret J. McFall-Ngai, "The Importance of Microbes in Animal Development: Lessons from the Squid-Vibrio Symbiosis," *Annual Review of Microbiology* 68 (2014): 177-94; Stephen B. McMahon, Federica La Russa, & David L. H. Bennet, "Crosstalk Between the Nociceptive and Immune Systems in Host Defense and Disease," *Nature Reviews Neuroscience* 16, no. 7 (2015): 389-402; Lucas John Mix, "Defending Definition of Life," *Astrobiology* 15, no. 1 (2015): 15-19; Robert Pascal, Addy Pross, & John D. Sutherland, "Towards and Evolutionary Theory of the Origin of Life Based on Kinetics and Thermodynamics," *Open Biology* 3, no. 11 (2013):130156; Alexandre Persat, Carey D. Nadell, Minyoung Kevin Kim, Francois Ingremeau, Albert Siryaporn, Knut Drescher, Ned S. Wingreen, Bonnie L. Bassler, Zemer Gitai, & Howard A. Stone, "The Mechanical World of Bacteria," *Cell* 161, no. 5 (2015): 988-97; Abe Pressman, Celia Blanco, & Irene A. Chen, "The RNA World as a Model System to Study the Origin of Life," *Current Biology* 25, no. 19 (2015): R953-R963; Paul B. Rainey & Katrina Rainey, "Evolution of Cooperation and Conflict in Experimental Bacterial Populations," *Nature* 425, no. 6953 (2003): 72-74; Kepa Ruiz-Mirazo, Carlos

隱藏能力反映出物理和化學的限制，是在尊重現實的同時，達到目標——好的生活的一種手段，我所謂的好的生活是指有效調節的生活、能從威脅中逃生。這些有能力的活生物體，儘管完全沒有消化或循環系統，但本質上每個都是獨立運作代謝事務並生產代謝貨物的化學工廠。然而，關於它們的業務有些意想不到的情況：這類的「偽簡單」生物（最佳範例是細菌），可以在另一個廣大的世界裡作為社會團體的成員生活，亦即居住在其他的活生物體內，例如人體內。我們提供它們住宿和伙食，並以有用的化學服務形式收取一些租金。當然，房客偶爾會濫用它們的處境，拿取的比在交易中應得的多，因此有時房東**和**房客的下場都不太好。

Briones, & Andrés de la Escosura, "Prebiotic Systems Chemistry: New Perspectives for the Origins of Life," *Chemical Reviews* 114, no. 1 (2014): 285-366; Erwin Schrödinger, *What is Life?* (Cambridge, U.K.: Cambridge University Press, 1994); Vanessa Sperandio, Alfredo G. Torres, Bruce Jarvis, James P. Nataro, & James B. Kaper, "Bacteria-Host Communication: The Language of Hormones," *Proceedings of the National Academy of Sciences* 100, no. 15 (2003): 8951-56; Jan Spitzer, Gary J. Pielak, & Bert Poolman, "Emergence of Life: Physical Chemistry Changes the Paradigm," *Biology Direct* 10, no. 33 (2015); Eörs Szathmáry & John Maynard Smith, "The Major Evolutionary Transitions," *Nature* 374, no. 6519 (1995): 227-32; D'Arcy Thompson, *On Growth and Form* (Cambridge, U.K.: Cambridge University Press, 1942); John S. Torday, "A Central Theory of Biology," *Medical Hypotheses* 85, no. 1 (2015): 49-57.

雖然「好的生活」過程必須遵照理想的物理編排，若非如此，生命就無法開始或輕易就瓦解，但存有的早期階段並不包含任何可能稱為外顯感受或外顯知識的東西。因此，在我們描述的廣泛歷史足跡中，感受是接在存有之後。就我的看法，生物為了能夠感受，首先需要在自己的有機體上添加幾個特徵。它們必須是多細胞，而且必須擁有精巧程度或高或低的分化器官系統，其中最顯眼的是神經系統：內在生命歷程以及與環境打交道的自然協調者。那接著會發生什麼？我們即將看到，很多、很多。

神經系統使複雜的動作成為可能，最終也得以開始真正的新穎事物：**心智**。感受屬於心智現象的最初例子，實在很難誇大它的重要性。感受讓生物得以在各自的心智中表徵自己身體的狀態，而這身體全神貫注於調節生命必需品所要求的內臟功能：吃、喝、排泄；像在恐懼或憤怒、厭惡或輕蔑期間出現的防禦姿態；社會協調行為，例如合作、衝突；喜悅、手舞足蹈和洋洋得意的表現，甚至是生殖跟有關的種種行為。

感受讓生物體有了自己生命的**經驗**。具體來說，感受為擁有它們的生物體提供一種對於自己相對成功地**活著**的等級評量，這是一種以質的形式出現的自然考試成績：愉快或不愉快、輕鬆或緊張。這是珍貴且新穎的訊息，而侷限在「存有」階段的生物體無法獲得這種訊息。

不意外地，感受是創造「自我」[4]——由生物體狀態驅動的心智過程——的重要促成因素，被固定在自己的身體框架（肌肉和骨骼結構組成的框架）中，憑藉著感覺通路（例如視覺和聽覺）提供的觀點來定向。

　　一旦存有和感受成了結構且可運作，它們就準備好支撐和擴展構成三人組第三名成員的智識：**知曉**。

　　感受毫不疏漏地提供我們自體生命的知識（knowledge），並且讓這種知識有意識。（在第III和第IV部的章節中，我們將解釋感受如何設法做到這點。）這是個關鍵、基本的過程，但我們抱著最忘恩負義的態度，幾乎無視它的存在，因為我們的注意力被知曉的另一個喧鬧分支，也就是由感覺系統（視覺、聽覺、體覺、味覺和嗅覺）在記憶的幫助下建構而成的分支所轉移。基於感覺訊息創造的圖與像，與始終存在且相關的感受一起成為心智最豐富和多樣的成分。大多數時候，它們主導著心智程序。

　　奇怪的是，各個感覺系統本身都缺乏意識經驗。舉例來說，視覺系統（我們的視網膜、視覺路徑和視覺皮層）會產生外部世界的「地圖」，並且促成各別、外顯的「視覺像」。然而，視覺系統不允許我們自動地宣稱這些「像」

---

4. 在先前的書中，我提到了自我的概念及其變化，並且考慮它們可能的生理基礎。請參見《意識究竟從何而來？》（*Self Comes to Mind: Constructing the Conscious Brain*，商周出版）

是我們的「像」，也就是發生在我們的有機體**內部**。我們不會把這些「像」跟我們的存在聯繫起來，我們也不會意識到這些「像」。只有這三種歷程（跟存有、感受和知曉有關的那三種）的協調運作，才讓「像」能跟我們的有機體相連結，確切地說是以**指涉**和**置入**來連結。唯有那時，經驗才能出現。

接續這個重大但默默無聞的生理步驟而來的，是超凡絕妙之事。一旦經驗開始為記憶效力，具有感受和意識的生物體或多或少就能夠維持自己生命的詳盡歷史，亦即自己與他者互動以及與環境互動的歷史，簡而言之，就是活在個別有機體內的各個生命的歷史，完全就是作為人的支架。

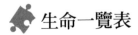 生命一覽表

原始細胞	40億年前
第一個沒有核的細胞（或原核生物，例如細菌）	38億年前
光合作用	35億年前
第一個有核的單細胞（或真核生物）	20億年前
第一個多細胞生物	6-7億年前
第一個神經細胞	5億年前
魚類	4-5億年前
植物	4億7000萬年前
哺乳類	2億年前
靈長類	7500萬年前
鳥類	6000萬年前
原始人類	1200-1400萬年前
智人	30萬年前

II 關於心智與
新的表徵藝術

智力、心智與意識

以下會談到三個不太牢靠的概念，而澄清它們代表什麼的工作永遠沒有結束的一天。首先是「智力」（intelligence），從所有活生物體的籠統觀點來說，智力意味著成功解決生存競爭所引起問題的能力。然而，細菌的智力與人類的智力之間差異甚鉅，精確地說是差了數十億年的演化距離。可以預見的是，這樣的智力及它們各自成就的範疇也大不相同。

人類的外顯智力既不簡單、也不渺小。外顯的人類智力需要心智以及心智相關的發展 —— **感受和意識** —— 協助。它們需要**知覺**以及**記憶**，還有**推理**。心智的內容是基於表徵物體和動作的**空間繪成圖模式**（*spatially mapped patterns*）。一開始，內容對應於我們在有機體內和周遭世界中知覺到的物體和動作。我們建立的空間繪成圖模式的

內容，可以用**心智檢驗**。考慮特殊模式時，擁有心智的我們能檢驗模式的「度量」或它的「延伸」。此外，擁有模式的我們能用心智檢驗它們相對於特定物體的結構，並且反思（例如）這跟那個原始物體的「相似」程度。

最後，心智的內容**可以操弄**，意思是擁有模式的我們能用心智切分這些模式，然後以無數種各式各樣的方法重新排列這些部分，藉此產生新穎的模式。我們試圖解決問題時，尋求解決方案所從事的切割和移動就命名為「推理」。

有個便利的方法可指涉構成心智的心智模式，那就是**意像**（image）這個詞。我所謂的「意像」不僅僅是單指「視覺」的像，而是主要感覺通路所產生的**任何**模式：當然包含視覺的像，還有聽覺的、觸覺的和內臟的像。當我們在心智中創意地表演時，就是在使用我們的**想像力**（imaginations），不是嗎？

相較之下，細菌的智力是隱藏、非外顯的。觀察者完全看不到它的任何圖謀，最重要的是連擁有這種智力的有機體本身都看不到。身為沮喪觀察者的我們，唯一知道關於問題解決的是開始和結束，也就是問題和答案。至於那些有機體本身，我相信它們知道得更少！據我們所知，擁有這種智力的細菌內部完全沒有東西能建構出表徵物體或動作的模式，而在它們的周遭或內部也完全沒有什麼與意像相似，因此沒有相似於推理的東西。不過，這種智力行

為仍出色地運作著，根據的是作用場域小、不簡單且位在分子層級以下（在活生物體的生理基礎上）的清楚生物電計算。

為了清楚起見，現在可將這兩種智力的關鍵描述字眼分別對上這些：一個是隱性、隱藏、**深藏**、非外顯的智力；另一個是顯性、顯現、外顯、繪成圖、心智／有心的智力。儘管類型不同，但這兩種智力的出現是為了做相同的工作：解決生存競爭所引起的問題。隱性智力簡單、有效地解決問題。外顯智力就複雜許多，需要感受和意識。外顯智力讓生物體喜歡競爭，並且在過程中發明新的方法來做到這點。

我在非外顯與外顯智力之間做出的區別，其重要性很容易就被忽略。雖然有大量的生物之謎有待釐清，但外顯並不意味著「神奇」。外顯也不意味著完全得到解釋。只不過是在沒有顯微鏡或精細生物化學之類的東西輔助下，非外顯的機制就完全無法得見，更別說是弄懂事實的理論解釋；而另一方面，外顯的機制大部分可藉由追蹤意像模式的痕跡、它們的行動和它們的關係來檢驗。

我們之後會發現，外顯過程需要**由生物體並在生物體內部建構和貯存意像模式**。此外，同一個生物體必須有能力在沒有繁複科學技術的幫助下從內部檢驗模式，並且能相應地組織行為。

智力	
• 隱性	• 顯性
• 隱藏、隱蔽	• 顯現
• 非外顯	• 外顯
• 基於胞器和細胞膜中的化學／生物電程序	• 基於「表徵和相似」物體和動作的空間繪成圖神經模式；意像模式

　　細菌和其他單細胞生物受益於非外顯智力的卓越才能。另一方面，我們人類則是享有大上許多的特權。我們**同時**受益於外顯和非外顯兩種智力。我們依遭遇的問題所需使用其中之一或兩者兼用，甚至無須決定該使用哪一個。我們的心智習慣和心理活動型式為我們做出決定。[1]

　　我先擱置一個相當棘手的議題：那些名為病毒的怪

---

1. 弗朗蒂謝克‧巴洛斯卡（František Baluška）和米哈伊爾‧列文（Michael Levin）的研究，跟內隱智力的討論特別有關。František Baluška & Michael Levin, "On Having No Head: Cognition Throughout Biological Systems," *Frontiers in Psychology* 7 (2016): 1-19; František Baluška & Stefano Mancuso, "Deep Evolutionary Origins of Neurobiology: Turning the Essence of 'Neural' Upside-Down," *Communicative and Integrative Biology* 2, no. 1 (2009): 60-65; František Baluška & Arthur Reber, "Sentience and Consciousness in Single Cells: How the First Minds Emerged in Unicellular Species," *BioEssays* 41, no. 3 (2019); Paco Calvo & František Baluška, "Conditions for Minimal Intelligence Across Eukaryota: A Cognitive Science perspective," *Frontiers in Psychology* 6 (2015): 1-4, doi.org/10.3389.fpsyg.2015.01329.

異、無生命調合物的智力。一旦病毒進入合適的活生物體，即使在它們的狀態仍是「無生命」的同時，從它們的永久性這個角度來看，它們的「行動」可說是非常聰明。如先前所述，這個情況自相矛盾，也是我們必須接受的難堪。病毒這種無生命的東西會聰明地行動，以便加速擴展它們潛在的生命製造貨物：核酸。

感覺不同於有意識也不需要心智

　　所有的活生物體，無論多小都有能力偵測（或「感覺到」）感覺刺激。感覺刺激的例子包括光、熱、冷、振動和戳刺。有機體也能對感覺到的東西做出反應，而反應的目標不是對準自身周遭的環境、就是自己身體（由包含它的細胞膜定義）的內部。

　　細菌有感覺的能力，植物也一樣，然而就我們判斷所及，細菌和植物都沒有意識。它們感覺並且對感覺到的做出反應；它們的細胞膜可以偵測溫度、酸度，或微推和微擠，而它們的反應可能是避開這類的刺激或（例如）遠離這類的刺激。細菌和植物都具有基本的認知形式和卓越的智力，但是它們都缺乏關於它們做些什麼的**外顯**知識，也不具有外顯推理的能力。它們怎麼能這樣？唯有以意像模式的形式在心智中表達出來，知識才能對有機體成為外顯，而外顯推理的能力需要心像的邏輯操弄。細菌和植物

都看似沒有心智或意識。重要的是，**細菌和植物都沒有神經系統**。

光是感覺無法賦予有機體心智或意識。然而，有個先例需要留意。唯有在能夠感覺且能夠製造心智的有機體中，意識才有可能出現。

我們周遭和我們體內的細菌，天生具備讓它們能不只有效還**聰明地**支配生命的**非外顯能力**。植物也同樣如此。它們的智力關係到未明說的目標，亦即長久生存和經常繁盛。細菌和植物根據生命調節的命令（或體內恆定），按照它們「應該」做的運作，但它們是**盲目地**這麼做，我所謂的盲目是指它們**不知道**為何或如何做它們所做的事。如此成功運行的化學機器並沒有在有機體的另一部分**表徵**出來，它也不可能對擁有它的有機體**顯露**自己。**有機體的成功或失敗所涉及的部位和機制都各司其職，但它們都未曾在那個有機體內的任何一處被「描繪出來」。**在這樣的有機體內，沒有一處可以讓部位或圖謀構成外顯知識。

在討論感覺的無心且非意識的本質時，我們應該提出並深思一個很有意思的事實：細菌和植物一樣，對多種麻醉劑的反應是暫停生命活動，轉而進入某種冬眠狀態，期間它們的感覺能力消失。這些事實首先由舉足輕重的法國生物學家克勞德・貝赫納（Claude Bernard）在十九世紀後期確立。想像一下貝赫納在發現當時的早期吸入式麻醉

劑會讓植物陷入休眠時，他有多麼驚訝。[2]

　　這件事特別值得注意，因為誠如我們不久前才提到的，細菌和植物都看似沒有心智或意識──時至今日幾乎每個人（普通人或科學家）都會跟麻醉劑的作用聯想在一起的「功能」。你在手術前會先麻醉，這樣才能失去「意識」，好讓外科醫師能安心做事，你也不會感到痛苦。可是，就我認為，麻醉造成的──由於細胞膜的雙層屬性中離子通道的擾動──是我們剛剛描述的**感覺**功能受到基本、徹底的破壞。麻醉劑並沒有特別針對心智，一旦感覺被阻斷，心智也不再有可能。麻醉劑也沒有針對意識，因為誠如我們將提出的，意識是一種特定的心智狀態，不可能在沒有心智的情況下出現。

　　一旦有了意識的能力，我們意識到的是我們心智的**內容**。

　　配備感受和關於周遭世界的某些觀點的心智是有意識的，而且廣泛地出現在動物界，不僅止於人類。所有的哺乳類、鳥類和魚類都有心智和意識，我懷疑社會性昆蟲也有。但我的界線劃在更簡單的單細胞生物。它們如何做出

---

2. Claude Bernard, *Leçons sur les phénomènes de la vie communs aux animaux et aux végétaux* (Paris: J.-B. Baillière et Fils, 1879)，翻印自密西根大學（University of Michigan）圖書館館藏；A. J. Trewavas, "What Is Plant Behaviour?," *Plant Cell and Environment* 32 (2009): 606-16; Edward O. Wilson, *The Social Conquest of the Earth* (New York: Liveright, 2012).

它們所做的一切聰明事呢？這個嘛，我們剛剛才看到，卑微的細菌有著不那麼卑微的能力來經營自己的生命。它們具有一些最終允許發展心智、甚至是意識的前驅物。然而，細菌還沒完全準備好迎接我們稱為心智的成就，遑論是有意識的心智。

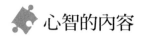# 心智的內容

　　把心智翻到外面，然後倒出它的內容。你發現了什麼？意像和更多的意像，這些是如人類這般的複雜生物，設法在向前流動的流中產生與組合的那種意像。這裡所謂的「流」（stream），就是讓威廉‧詹姆士名垂千古、也讓「意識」（consciousness）一詞聲名大噪的那個流，因為這兩個單字常常配對成為「意識流」（stream of consciousness）這個用語。但我們之後會看到，首先「流」完全是由意像組成，而意像近乎無縫的流動則構成心智。當然，一旦有額外的原料前來救援，心智就確實成為意識。

　　對外在世界的物體和動作的知覺可以轉而成為意像，要歸功於視覺、聽覺、觸覺、嗅覺和味覺。它們很容易主宰我們的心智狀態，或看來像是如此。

　　然而，在我們的心智中有許許多多的意像不是來自

知覺周遭世界的腦，而是來自與身體**內在**世界共謀和混雜的腦。舉個例子：當榔頭不慎敲到而不是釘子刺到手指時所激起的疼痛。這樣複雜的意像在納入心流時，也可能主宰我們的心智程序。

內部的意像是非典型的原因有好幾個。製造這些意像的設備不只描繪我們的內臟內部，還與它們關係緊密，以密切的雙向互動方式與它們的化學作用相連。結果就是產生名為感受的**混合物**。正常的心智是由意像組成，有來自外部的意像（普通的或簡明的），也有來自內部的意像（**特殊的與混合的**）。

然而，要應對的意像還有更多種類。

當我們回想自己用物體和動作製成的記憶時，以及當我們重新製造伴隨它們的感受時，回憶和重製也是以意像的形式出現。記憶的製造主要包含以某種編碼形式記錄的意像，為的是最終我們能恢復接近原始的東西。

那麼，用我們知道的語言──主要是文字語言，但也有數學和音樂的語言，對物體、動作和感受所做的翻譯又是怎樣的呢？翻譯也是以意像的形式呈現。

當我們在心智中聯繫與組合意像，並且在我們富有創造性的想像力中轉換它們時，我們就產生具體和抽象示意想法的新意像、我們產生了符號，而且我們牢記所有意像產物的很大一部分。隨著我們這麼做，我

們的檔案就越來越大，我們將從中提取大量的未來心智內容。

♣ 無心之智

比起基於心智的智力種類，無心的智力早了幾十億年。無心之智隱蔽在生物學的深處，而「深藏」一詞更能貼切地描述這個過程。無心之智徹底藏在分子路徑的運作背後，這些路徑為活生物體達成聰明的事，還能協助無生命的容器（如病毒）完成它們的任務。

無心之智的表現相當多元，有在反射中、習慣中、情緒行為中，還有在生物體之間的競爭與合作當中。請對無心特別留心；它們的技能廣泛。此外，還請讀者了解到，我們，高傲和**有心**的人類，也全天候地受益於無心之智的機制。

 **製造心像**

　　存有如何與從何有了意像？多虧了知覺才有意像的
出現，如果我們從有機體周遭的世界開始，比較容易
處理知覺這個問題。

　　相應於我們周遭的神經活動模式，最先受到感覺器
官（例如眼睛、耳朵或皮膚裡的觸覺小體）的調製。
感覺器官與中樞神經系統聯手合作，在中樞系統中，
脊髓和腦幹這類區域裡的細胞核組裝感覺器官收集的
信號。經過幾個中繼站後，最終大腦皮質接收並組織
感覺信號。

　　感謝大衛‧休伯爾（David Hubel）和托斯坦‧維
瑟爾（Torsten Wiesel）等生理學家的開創性研究，讓
我們得以了解這種裝配的結果，是以各種感覺樣式（如
視覺、聽覺、觸覺）建構物體及其領域的圖（maps）。
這些圖是我們在心智中經驗意像的基礎。[3]當大腦皮質

區域內視覺、聽覺和觸覺系統的神經細胞（神經元），因為來自感覺器官（如眼睛或耳朵）的輸入而按照某種模式開始活躍時，我們就會建立圖。這些意像所涵蓋的素材細節豐富且具實用價值，這說明了為什麼在多數的一般情況下，它們很容易主宰我們的當前心理。繪成圖的東西和我們形成的意像之間關係密切。精確製造的圖必不可少，而模糊性代價很高。模糊的圖可能導致你錯誤詮釋，或更糟的是引導你做出錯誤的行動。

細心的讀者可能會發現，我沒有提到為嗅覺和味覺製造圖與像——雖然兩者都是重要的感覺通路；我也沒有提到製造內部的圖與像——製造感受的重要步驟。

產生嗅覺和味覺的配置也展現了其他三種重要感覺的

---

3. 若想全面回顧他們在視覺方面的開創性研究，請參見以下文獻，這些資料提供了關於視知覺的新近觀點：David Hubel & Torsten Wiesel, *Brain and Visual Perception* (New York: Oxford University Press, 2004); Richard Masland, *We Know It When We See It: What the Neurology of Vision Tells Us About How We Think* (New York: Basic Books, 2020). 另外參見 Eric Kandel, James H. Schwartz, Thomas M. Jessell, Steven Al. Siegelbaum, & A. J. Hudspeth, eds., *Principle of Neural Science, 5th ed.* (New York: McGraw-Hill, 2013) ; Stephen M. Kossly, *Image and Mind* (Cambridge, Mass.: Harvard University Press, 1980; Stephen M. Kossly, Giorgio Ganis, & William L. Thompson, "Neural Foundations of Imagery," *Nature Reviews Neuroscience* 2 (2001): 635-42; Stephen M. Kosslyn, Alvaro Pascual-Leone, Olivier Felician, Susana Camposano, et al., "The Role of Area 17 in Visual Imagery: Convergent Evidence from PET and rTMS," *Science* 284 (1999): 167-70; Scott D. Slotnick, William L. Thompson, & Stephen M. Kossly, "Visual Mental Imagery Induces Retinotopically Organized Activation of Early Visual Areas," *Cerebral Cortex* 15 (2005):1570-83.

一般邏輯，但利用的是它們自己的化學與模式組裝的混合。它們同時享有隱藏和顯性智力種類的特質，或許它們應該被視為從一種到另一種的過渡。[4]

另一方面，我們在討論情感時將會看到，感受完全是混合的過程，取決於內感的獨特設計與特徵，這個過程讓感覺和最終的心智檢驗進入我們的內部。感受提供的訊息指出事物或狀態的「品質」——好或沒那麼好，也指出這些品質的「份量」——十分糟糕對上沒那麼糟。精確不是絕對重要，偶爾，感受提供的訊息不正確是系統**有意的**設計。舉例來說，在沒有醫生或任何藥物的介入下，體內製造的鴉片劑減輕傷口的劇烈疼痛就是這種情況。

---

4. 嗅和味知覺的複雜性，已有 Richard Axel, Linda Buck & Cornelia Bargmann 進行開創性研究。參見如 L. Buck & R. Axel, "A Novel multigene family may encode odorant receptors; A molecular basis for odor recognition," *Cell* 65 (1991):175-187.

將神經活動轉為運動和心智

　　了解神經激發如何製造運動，已不再是個難解的謎。首先，神經元激發的生物電現象引燃肌肉細胞的生物電程序；接著，那個程序造成肌肉收縮；最後，肌肉收縮的結果，就是肌肉本身和相應的骨頭發生運動。[5]

　　化學－電程序導致心智狀態的方式，遵循相同的邏輯，但遠不及運動那般清楚透明。跟心智狀態有關的神經活動，在空間中以自然構成**模式**的方式分布於神經元陣列。明顯的例子出現在視覺、聽覺、觸覺的感覺探測器中，還有那些探測我們內臟內部活動的探測器。模式在空間上對應於激起神經活動的物體或動作或品質。它們不只在空間上**描繪**物體和動作，也根據展開行動所需的時間描

---

5. Kandel, Schwartz, Jessell, Siegelbaum, & Hudspeth, *Principle of Neural Science.* 與神經系統相關的解剖學和生理學章節。

繪。神經活動全面地在圖上繪製目標物體和它們的動作。「繪成圖模式」就是依照存在於神經系統周遭世界的物體和動作的物理細節快速勾畫，這個世界具體地說是感覺探測器（如眼睛和耳朵）收得到的世界。管控良好的神經活動將這樣的模式傳送到大腦，結果就是構成我們心智的「意像」。換句話說，神經生物的「繪成圖模式」轉而變成我們稱為意像的「心智事件」。而當這些事件屬於內含感受和自我觀點的背景脈絡的一部分，就在此時，它們成為**心智經驗**，也就是說，它們變得有意識。

根據個人的愛好，一個人可將這個「變換－轉化」視為事件的神奇轉變或非常自然的現象。我個人偏好後者，但不意味著解釋已經完備，也不表示所有細節一目了然。誠如我先前所提，「心智的物理學」需要額外的解釋。然而，這種「不完全性」不應跟意識的「難題」混為一談。意識的難題涉及深層的心智**組構**，這是形成圖與像基礎的音域，古典物理學或許不足以充分說明。時間將會告訴我們，這種不完全性最終原來是多麼困難或簡單。

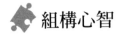 組構心智

我們知道，人類的心智是由大量各式各樣、一個接著一個的意像製造而成，有些是帶給我們視覺和聽覺的意像，也有些是屬於感受的一部分意像。

我們也知道，佔優勢的意像通常是由「模式」構成，在這空間、幾何設計中的元素以二維以上的維度排列。這種空間性是心智為何的核心。它負責心智成分的**外顯性**，正好相對於非常聰明地協助沒有神經系統的活生物體的非外顯能力，這種能力也有助於複雜的生物，如人類。非外顯能力格外有效，但它們的機械轉動仍然無法進行心智檢驗。舉例來說，mRNA 可以精確地轉錄成胺基酸鏈，甚至因錯誤更正機制受益。然而，我們無法「用心智」檢驗轉譯過程。科學揭開了這個過程的細節，但我們用肉眼依然看不見它。

既然如此，哪裡可以找到外顯的意像模式呢？神經解

剖學和神經生理學的經典研究顯示，模式的基礎在於「動態圖」。它們是在各種感覺系統的大腦皮質（包括聯合皮質），以及在大腦皮質層次以下的大腦結構（例如丘〔colliculi〕和膝狀神經節〔geniculate ganglia〕）中快速產生。在所有的結構中組織而成的「模式」，對應於在神經系統之外存在且活躍的物體、動作和關係。

解釋模式如何出現的一個方法是說，感覺探測器（例如視網膜或耳蝸）分析物體和關係，並且在神經元網路中「模仿」或「描繪」它們，將之繪製在座標空間，同時顧及移動物體的即時順序。這些神經結構的格狀解剖結構，非常適合以模式化方式活化神經元，好讓不同維度中的各種設計都能快速被「活化」，也能同樣快速地被消滅。

有鑑於各個感覺通路中可用的皮質相當多樣，我們或許很想問，意像究竟是在哪裡組裝和經驗。它們是在初級大腦皮質中嗎？如果是，那是在哪一層或哪些層呢？抑或，意像是在一個以上的皮質區域裡，因此在心智中經驗到的實際意像是由幾個同步組裝的模式建立的合成物？

意像在哪裡的問題，目前沒有決定性的答案。它們顯然是在不同時間、不同場所製造，而且帶有不同的本質。此外，關於「哪裡」的問題跟一個相關的疑問連在一起：意像經由什麼額外的機制**變得有**意識呢？在緊接著解決感

受（讓意像有意識的過程中不可或缺的因素）之後，我們會處理這個疑問，

或許更難解的問題是關於更深的心智組構，我先前提過的**音域**（tessitura）議題。

心智過程仰賴神經元迴路中的生物電事件，這個說法當然沒有錯誤。但我們能不能進一步探究這句話的**背後意義**？我猜想，調查神經組織及其嵌入的非神經周遭事物的物理結構和動力學，或許會有所幫助。就這方面而言，羅傑‧潘洛斯（Roger Penrose）等物理學家、生物學家史都華‧哈默洛夫（Stuart Hameroff）和電腦科學家哈穆特‧尼文（Hartmut Neven）已經提出，細胞內（具體地說是神經元內）運作的量子層級歷程在心智事件中扮演重要角色。[6]

普通生物學的近期發展支持他們的論點，提出亞分子、量子層級的事件對於說明複雜的生物歷程（像是光合作用）至關重要。聲納、回聲定位和鳥類判定磁北等各種「心智相關」現象同樣如此。

就我來看，我注意到的是，上述考量適用於心智的組構，且只適用於心智。我會在下一章提到，說明意

---

6. Stuart Hameroff, "The Quantum Origin of Life: How the Brain Evolved to Feel Good," in *On Human Nature*, ed. Michel Tibayrenc & Francisco José Ayala (Amsterdam: Elsevier/AP, 2017), 333-53; Roger Penrose, "The Emperor's New Mind," *Royal Society for the Encouragement of Arts, Manufactures, and Commerce* 139, no. 5420 (1991): 506-14, www.jstor.org/stable/41378098.

識——解釋如何讓心智有意識，**不**需要訴諸亞分子層級，然而說明**心智組構**或許需要。意識屬於系統層級的現象，需要心智裝備的重新編排，而**不是**個別片段的組構。

植物的心智與查爾斯王子的智慧

　　人們必定鍾情於跟植物說話的人，就像查爾斯王子應該會做的那樣。人們必定同意，跟植物說話的意涵不只是認可非人類生命的價值，還包括尊重這樣的想法：善意的關懷——無論是實際或以優美文字的詩意形式，讓非人類生物的生命有所不同，確實是個美好的想法。

　　我不知道查爾斯王子是否真的特別了解植物學或一般生物學，但他有很多尊重和熱愛植物的理由。而且他有很好的同伴，正巧是我們不久前才看過的克勞德・貝赫納。早在十九世紀後期，克勞德・貝赫納發現了麻醉劑對植物生命的效應、領會到生命調節的重要性，並且說明了它對維持所有生命內部物理化學平衡的必要性，他還為此取了個獨具特色的名字：「內環境」（internal milieu）。他的思想部分受到植物生命的啟發，儘管不需要做到那個地步，但不難想像他也會跟植物說話。我們只需認識到，雖

然「體內恆定」一詞要再經過幾十年才會由美國科學家沃特‧坎農（Walter Cannon）提出，但在巴黎默默研究、令人欽佩的克勞德‧貝赫納，最先描述了體內恆定的現象，並且領悟到它的重要性。[7]

克勞德‧貝赫納在他的植物中看到什麼呢？他看到了具有許多細胞和不同種類組織的生物，儘管大多被包在纖維素裡，還是相當成功地管理複雜的多系統有機體，沒有了肌肉也因此做不出**明顯**的運動。他發現，它們實際上能夠做出大量**不明顯的隱密**運動，靠的是它們令人嘆為觀止的地下根網絡。而過去和現在都看似如此精明的那些根，以緩慢但勢不可擋的速度，朝著提供它們最多水分和營養素的地下區域生長。

克勞德‧貝赫納也領悟到，多虧了有效的水力循環系統，水分能被提升到地面以上，到達植物完全暴露在外的植物頂端以及它們的葉片和花朵。他還了解到，多細胞、多系統生物有個解決如何產生運動的出色辦法，那就是將新的細胞元素一個緊接著一個並列，藉由延長整個「枝幹」從而「移動」枝幹頂端。這就是植物在它們的根系往

7. Walter B. Cannon, *The Wisdom of the Body* (New York: Norton, 1932); Walter B. Cannon, "Organization for Physiological Homeostasis," *Physiological Review* 9 (1929):399-431; Claude Bernard, *Leçons sur les phénomènes de la vie communs aux animaux et aux végétaux* (Paris: J.-B. Baillière et Fils , 1879), 翻印自密西根大學（University of Michigan）圖書館館藏；Michael Pollan, "The Intelligent Plant," *New Yorker*, Dec. 23 & 30, 2013.

一個特定方向，也就是往有大量水分子可用之處彎折和生長時所做的事。只有在特殊情況下，植物真正利用類似肌肉的東西來移動，像是捕蠅草的葉子，但這不是通則。

克勞德‧貝赫納對於發現我們從他那個時代以來學到的東西應該不會感到驚愕：森林中的樹根形成廣大的網絡，由此促成集體的體內恆定。[8]

所有的奇蹟，都是在沒有神經系統但藉助充裕的感覺和無心之智的情況下完成。既然沒有心智就能做這麼多事，那誰需要心智呢？因此，克勞德‧貝赫納有充分的好理由欽佩這個生物家族，並且研究它們對體內恆定的命令所表現的敬重。查爾斯王子也有很多的好理由，用自己的獨白來表示對它們的敬意。[9]

---

8. 在某些情況下，植物可能是協同、甚至是共生關係的一部分。森林中，樹根的地下網絡就是最好的例子。這一切都展示了無心、非意識，更不用說也是無神經的智力種類的力量。參見 Monica Gagliano, *Thus Spoke the Plant* (New York: Penguin Random House, 2018).

9. 譯註：據說查爾斯王子會對他種的植物說話，他認為跟植物說話非常重要，它們會有反應。

廚房裡的演算法

　　人們一談到演算法，通常會語帶敬畏，這樣的尊重要歸功於改變生活的那種科學或技術發展。敬畏和尊重的理由相當充分，但重要的是了解演算法的本質，並且清楚它的極限，尤其是當我們把它們跟意像做比較時。我們應該把演算法想成食譜，是種製作維也納肉排的方法，或者是如米榭‧塞荷（Michel Serres）所提的反轉蘋果塔的作法。[10]食譜當然很有用，但食譜本身不是它們打算幫助你達成的目標。你不可能嘗嘗維也納肉排的食譜，或是品味反轉蘋果塔的食譜。多虧有了你的心智，你可以**預期**風味並相應地垂涎三尺，但光是有食譜，你無法真正品嘗不存在的產品。當人們設想「上傳或下載他們的心智」且成為永恆時，他們應該領悟到，他們的冒險（在少了活生物

---

10. Michel Serres, *Petite Poucette* (Paris: Le Pommier, 2012).

中的活大腦之下）在於將**食譜**、也只有食譜轉移到電腦裝置。順著這個論點得出結論，他們不會獲得真正烹調和真正食物的實際味道和氣味。

我不是在貶低演算法。在我為深藏的智力和使它們成為可能的編碼吟唱了這一切讚美的詩歌之後，我又怎麼會貶低它呢？

III 感受

感受的起始：做好準備

　　感受的演化歷史，大概始於某個特定有機體內的生命化學與神經系統早期版本之間小心翼翼的交談。在遠比我們簡單許多的生物中，這樣的交流會產生單純的安適和基本的不適之類的感受，而不是微妙分級的感受，更別說像局部疼痛這樣精緻的東西。儘管如此，這仍是個相當了不起的進展。這些小心翼翼的開端讓各個生物有了方向，這是對於接下來該做或不做什麼、或是要往哪裡走的微妙忠告。生命的歷史中出現了某樣新穎且極有價值的東西：**物質有機體的心智對應物**。[1]

---

1. 史都華‧哈默洛夫（Stuart Hameroff）等人提出，有機體可能在神經系統出現以前就有了感受。根據我的理解，這種想法源自於以下事實：某些「生理型態」更可能跟比較穩定且可行的生命狀態有關。我相信確實如此，但不意味著這樣有利的生理型態會或能產生感受，亦即產生涉及有機體當前情況的心智狀態。據我所知，心智狀態的存在，需要具備相當精細的神經系統，而且仰賴神經圖中有機體狀態的表徵。參見 Stuart Hameroff, "The Quantum

Origin of Life: How the Brain Evolved to Feel Good," in *On Human Nature* ed. Michel Tibayrenc & Francisco José Ayala (Amsterdam: Elsevier/AP, 2017), 333-53

情感

　　最簡單的情感種類始於活生物體的內部。它模糊不清且四散地湧現，產生無法輕易描述或找到位置的感受。「原生感受」（primordial feelings）一詞精確掌握了這個概念。² 相較之下，「成熟感受」（mature feelings）則是讓我們布置「內部」的物體（例如心、肺、腸等內臟）以及

---

2. 我使用的「原生」一詞是傳統術語，為的是指稱我設想的感受在早期人類演化中出現時所具備的簡單、直接性質，並且指稱它們很可能仍存在於許多非人類物種，更別說是人類嬰兒。我把這類的早期感受全都稱為「恆定」感受，以此將它們跟源自情緒參與的情緒感受清楚地區分。德瑞克‧丹頓（Derek Denton）撰寫了一本名為《原生情緒》（*The Primordial Emotions*）的重要著作，其中「原生」一詞指的是體內恆定過程的等級，用他的說法，這個過程是產生「喚起和迫切想要行動的緊急狀態。」呼吸和排泄過程（如排尿）提供了環境設定。接在這些原生情緒之後的是各自的感受。造成這類原生情緒／感受的主要情況是呼吸道阻塞和因此產生的「空氣飢渴」。Derek Denton, *The Primordial Emotions: The Dawning of Consciousness* (Oxford: Oxford University Press, 2005).

它們執行的動作（像是脈動、呼吸和收縮）有了生動肯定的意像。最終，就像局部疼痛一樣，意像變得清楚鮮明且集中。

但毫無疑問的是，模糊、近似或精確的感受都**訊息豐富**；它們帶著重要知識，並且把那樣的知識牢牢植在心流裡。肌肉緊張或放鬆？胃袋填滿或空空？心臟單調、規律地跳動，還是漏掉了幾拍？呼吸順暢或吃力？我的肩膀會不會痛？擁有感受特權的我們能夠了解這類的狀態，這些訊息對於隨後的生命治理很有價值。但我們如何獲得這樣的知識呢？當我們「感受」、而不是簡單地「知覺」整個世界的物體時，發生了什麼呢？我們需要什麼來感受、而不是僅僅知覺呢？

首先，**我們感受到的一切都相應於我們內部的狀態。**我們不是「感受到」周遭的家具或風景。我們可以知覺到風景和家具，而我們的知覺能輕易地引出情緒反應並產生各自的感受。我們可以**經驗到**這些「情緒感受」，甚至可以為它們命名：**美麗**的風景和**舒適**的椅子。

然而，按照這個詞的本意，我們「真正」感受到的是我們這個有機體的部分或全部如何一刻接一刻地進展。它們的運作是順暢無阻，還是相當吃力？我將它們稱為恆定感受的原因是，身為直接通報者的它們會告訴我們，這個生物體有或沒有根據體內恆定的需要運作，也就是說，以有利或不利於生活和生存的方式運作。

感受之所以存在，要歸功於神經系統與我們的內在彼
此能直接聯繫。神經系統名符其實地「觸及」有機體的內
部各處，**而且**作為交換，也「被觸及」。相應於神經系統
內部的坦承以對，以及相應於那個內部的神經系統享有的
直接通道，都是內感獨特性的一部分，而內感一詞專門用
在內臟內部的知覺。內感有別於我們肌肉骨骼系統的知覺
（名為**本體感覺**），也不同於外在世界的知覺（或稱為**外
感**）。我們顯然可以用話語描述感受的經驗，但我們不需
要話語中介就能有所感受。[3]

在我們有機體內上演且在心智中經驗的感受，正向式
負向地對我們用力地拉拉扯扯、確確實實地干擾我們。它
們為何與如何能這麼做呢？第一個理由很清楚：它們是
「內部人士」，它們有機會進到我們的內部！幫助我們「製
造感受」的神經機制，與造成感受的物體有直接的互動。
例如，來自生病腎囊的疼痛信號行進到中樞神經系統，聯

---

3. 馬 諾 斯 · 賽 奇（Manos Tsakiris）和海倫娜 · 普利司特（Helena
De Preester）集結了大量有關內感主題的文章，作者群是目前對
內感有興趣的神經科學界領導者。*The Interoceptive Mind: From
Homeostasis to Awareness*, ed. Manos Tsakiris & Helena De Preester
(Oxford: Oxford University Press, 2019).

另外參見 A. D. Craig, *How Do You Feel? An interoceptive Moment
with Your Neurobiological Self* (Princeton, N.J.: Princeton University
Press, 2015); A. D. Craig, "Ineroception: The Sense of the Physiological
Condition of the Body," *Current Opinion in Neurobiology* 13, no. 4
(2003): 500-505; Hugo D. Critchley, Stefan Wiens, Pia Rotshtein,
Arne Öhman, & Raymond J. Dolan, "Neural Systems Supporting
Interoceptive Awareness," *Nature Neuroscience* 7, no. 2 (2004): 189-95.

合成為腎絞痛。但過程不是就此停止。中樞神經系統也對生病的腎囊產生反應，調整疼痛的持續性，甚至可能中斷疼痛。這個區域的其他事件（例如局部發炎），產生自己的信號並促成經驗。整體情況都在要求這個人的關注和投入。

剛才提到的腎絞痛例子，有助於我們說明這個要點：組裝感受的精緻生理機能，不同於生物體用於視覺或聽覺的生理機能。感受往往對應於一系列的可能性，而不是精確穩定地瞄準某個特定的外部特徵，例如一個特定的形狀或聲音。感受描寫某個尺度內的某些**品質**，以及它們在調性和強度方面的**變異**。打個比方來說，感受不是對外在的物體或事件拍個簡單的快照；感受是錄下整場表演和後台活動，不光是表面，還有隱藏起來的背面。

感受是**互動的知覺**。相較於視知覺——知覺的典型例子，感受是**非傳統的**。感受收集的信號來自「有機體裡面」，甚至是「位在那個裡面的物體裡面」，而不只是在有機體周圍。感受描寫發生在我們內部的動作，也描寫了動作的結果，還讓我們一窺參與那些動作的內臟。這也難怪感受對我們施加了特別的力量。

內部器官和系統的運作逐漸被表徵在神經系統，首先是在它的周邊神經部分，接著是在中樞神經系統（例如腦幹）的核，最後是在大腦皮質。然而，身體部位和神經元素之間的合作相當緊密。身體和神經系統依然是互動的夥

伴，而不是個別的「模特兒」與「描寫的畫」。最終成像的既不是純粹神經的、也不是純粹身體的。它是由對話而生，出自於身體化學與神經元的生物電活動之間的動態交流。此外，讓事態更複雜的是，任何時刻情緒反應（例如恐懼或喜悅）都能對某些內臟（情緒過程中的主要身體參與者）施加進一步的變化，因此產生一套新的內臟狀態和一套新的大腦—身體夥伴關係。這樣的情緒反應改變了有機體，從而改變經由身體—大腦夥伴關係所成像的東西。結果就是一套新的感受（現在已是部分「情緒的」而不是純粹「恆定的」），以及新的情感狀態。心情就是這種動態拖了很長一段時間的結果。它們是我們進入每個新的一天所懷著的「熱情」或「倦怠」的源頭。各種程度的興奮／喚起和遲鈍／愛睏也是如此。

以下的定義應該能讓先前的描述更加清楚。

體內恆定：誠如我們先前所見，體內恆定這個過程是將活生物體的生理參數（例如體溫、酸鹼值、營養素濃度、內臟運作）維持在最有利於理想功能和生存的範圍內。（相關但不同的「應變穩態〔allostasis〕」一詞，指的是有機體在設法恢復體內恆定時所使用的機制。）[4]

---

4. 關於體內恆定與應變穩態之間的合理區別，請參見 Bruce S. McEwen, "Stress, Adaptation, and Disease: Allostasis and Allostatic Load," *Annals of the New York Academy of Sciences* 840, no. 1(1998): 33-44.

情緒：受知覺事件觸發，一整組同時發生的非自主內在活動，例如平滑肌收縮；心率、呼吸、荷爾蒙分泌、臉部表情、姿勢的改變。情緒活動的目的往往在於維護體內恆定，例如（用恐懼或憤怒）對抗威脅，或是（用喜悅）表示成功的狀態。當我們從記憶中回想事件時，我們也會產生情緒。

感受：接續和伴隨各種生物體內恆定狀態的心智經驗，無論是初級（飢餓和口渴、痛苦或愉悅之類的恆定感受），還是由情緒激起（恐懼、憤怒和喜悅之類的**情緒感受**）。[5]

---

5. 下列來源所涵蓋的情感主題十分廣泛，包括了從一般概念到神經生物的應用：Ralph Adolphs & David J. Anderson, *The Neuroscience of Emotion: A New Synthesis* (Princeton, N.J.: Princeton University Press, 2018); Ralph Adolph, Hanna Damasio, Daniel Tranel, Greg Cooper, & Antonio Damasio, "A Role for Somatosensory Cortices in the Visual Recognition of Emotion as Revealed by Three-Dimensional Lesion Mapping," *Journal of Neuroscience* 20, no. 7 (2000): 2683-90; Antonio Damasio, *The Feeling of What Happens: Body and Emotion in the Making of Consciousness* (New York; Harcourt Brace, 1999); Antonio Damasio, Hanna Damasio & Daniel Tranel, "Persistence of Feelings and Sentience After Bilateral Damage of the Insula," *Cerebral Cortex* 23 (2012): 833-46; Antonio Damasio, Thomas J. Grabowski, Antoine Bechara, Hanna Damasio, Laura L. B. Ponto, Josef Parvizi, & Richard Hichwa, "Subcortical and Cortical Brain Activity During the Feeling of Self-Generated Emotions," *Nature Neuroscience* 3, no. 10 (2000): 1049-56, doi.org/10.1038.79871; Antonio Damasio & Joseph LeDoux, "Emotion," in *Principles of Neural Science*, ed. Eric Kandel, James H. Schwartz, Thomas M. Jessell, Steven A. Siegelbaum & A. J. Hudspeth, 5th ed. (New York: McGraw-Hill, 2013); Richard Davidson & Brianna S. Shuyler, "Neuroscience of Happiness," in

無論你心智的「精確」內容可能是什麼（風景、家具、聲音、想法），這些內容都必定**跟情感一起**被經驗。你知覺或記住的東西；你試圖用推理搞清楚的東西；你發明或希望傳達的東西；你採取的行動；你學到和回想的事情；由物體、行動和其抽象概念組成的心智宇宙，這些不同的過程**全都可能在它們展開時產生情感反應**。我們可以把感受想成是從我們的思想組成的宇宙中轉化而來，用音樂術語來理解感受也很有幫助。感受的演出，相當於幫我們的想法和行動伴奏的配樂。

　　心智的非感受、「精確」內容順暢出色地流動，受情感過程映襯出一道道剪影，有點像是生動背景前的表演玩偶。但這些精確的內容，通常跟情感過程有互動。在任何時刻，「精確內容」劇團中的一個演員或多個演員可能透

World Happiness Report 2015, ed. John F. Helliwell, Richard Layard, & Jeffrey Sachs (New York: Sustainable Development Solutions Network, 2015); Mary Helen Immordino-Yang, Emotions, Learning, and the Brain: Exploring the *Educational Implications of Affective Neuroscience* (New York : W. W. Norton, 2015); Kenneth H. Nealson & J. Woodland Hastings, "Quorum Sensing on a Global Scale: Massive Numbers of Bioluminescent Bacteria Make Milky Seas," *Applied and Environmental Microbiology* 72, no. 4 (2006): 2295-97; Anil K. Seth, "Interoceptive Inference, Emotion, and the Embodied Self, "*Trends in Cognitive Science* 17, no. 11 (2013): 565-73; Mark Solms, *The Feeling Brain: Selected Papers on Neuropsychoanalysis* (London: Karnac Books, 2015); Anthony G. Vaccaro, Jonas T. Kaplan, & Antonio Damasio, "Bittersweet: The Neuroscience of Ambivalent Affect." *Perspectives on Psychological Science* 15 (2020): 1187-99.

過激起新的情緒和產生相應的感受，成功地奪取這場表演並使它「成為」不同的演出。即興創作的配樂中，一些有趣的變奏將有條不紊地接續出現。而讓事態真正迷人的是反之亦然：情感可以改變在多亮的情況下經驗到精確內容。情感可以改變意像在心智舞台上停留的時間長短，也能改變它們受到的知覺有多好或多不好。這邊的精確內容和那邊的情感根據有機體建構它們的方式有所區別，而且它們充分地交互作用。我們應該歡慶情感贈與了我們豐富和混亂。

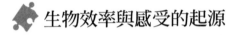 生物效率與感受的起源

效率的概念，聽來像是為了描述現代世界的人類發明，但它完全且良好地適用於數十億年前的早期生命，以及它們在能量消耗方面的成功運作。效率受到體內恆定的嚴格控管，然後因為天擇而更加成功。順從體內恆定的程度高低導致能源消耗的或多或少，早已是生命的老把戲，而不是什麼新發展。細菌向來十分善用效率，介於細菌和人類之間的許多無心但成功的物種也一樣。

既然如此，那在自然歷史的進程中，感受會在良好治理中插上一腳是件多麼有趣的事。怎麼會發生**這種事**呢？起始點必須是效率和生存與某些物理和化學參數的校準，同時還要將失能和死亡與某些其他參數調成一致。柏拉圖的「至善的形式」（For of the good）想法並沒有錯，它（幾乎可以肯定是）存在於支撐生命和茁壯成長

的物理學中。[6]但就我來看，從眾多選擇中顯著地擴展和促進利於生命的某一種選擇，而不選會產生痛苦和苦難的其他選擇，是因為他們有感受（實際上是因為有意識）。**所有**感受都是有意識的，不愉快的感受示意出妨礙和危害生命的情況，愉快的感受則示意出有助於生命欣欣向榮的情況。若缺少了感受／意識，對準欣欣向榮的機制就不會如此壓倒性地獲得青睞。意識的存在，徹底地改變了整個事態。只有魔鬼可能改變有意識的感受如此清楚指向的偏好。

體內恆定、效率和各種安適的校準，是在天堂以感受的語言簽署，然後天擇讓它變得大受歡迎。負責執行的是神經系統。

---

6. Stuart Hameroff, "The Quantum Origin of Life: How the Brain Evolved to Feel Good," in *On Human Nature*, ed. Michel Tibayrenc & Francisco José Ayala (Amsterdam: Elsevier/AP, 2017), 333-53.

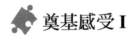 **奠基感受 I**

　　唯有在複雜的神經系統，亦即能夠製造詳細的感覺繪圖和意像，演化出來之後，人類經驗到的感受才能鄭重地開始。由此產生的原生感受，是在前往人類現今能經驗的精緻感受路上的重要墊腳石。

　　屬於精緻感受一部分的感覺圖和像，併入關於有機體內部狀態的持續不斷心流事實。扮演信息角色是感受的主要貢獻，但感受還扮演著另一個角色：它們根據所攜帶的訊息來驅策和激勵行動，做出最適合當前情況的表現，無論是尋求庇護、還是擁抱你很想念的人。

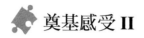# 奠基感受 II

　　有機體內部的自發性化學活動，目的在於根據體內恆
定的指令調節生命。活動自然地傾向於達成與生存和能量
正平衡相容的運作範圍，但它成功的程度因有機體和情境
而異。因此，特定有機體內的化學活動概況，相當於（且
從而代表）試圖確保體內恆定與生存的成功或失敗程度。
這些概況構成了對進行中的生命歷程所做的自然評估。

　　感受也參與其中，因為在生命調節成功或失敗的「程
度」與我們經驗到的正向或負向感受的變化之間，存在著
清楚且有原則的對應關係。我們心智經驗的情感成分，反
映出我們生物歷程的概況。

　　感受最早的生理來源是有機體內部的整合化學概況。
很有可能在神經系統出現以前，這樣的分子層次來源就存
在於演化中。但這並不是說，缺乏神經系統的簡單生物本
該有（或現在有）始於感受經驗的心智經驗能力。感受反

映出一個化學調節程序，是缺少了就不可能出現感受的**初始**條件，但還有另一個必須滿足的條件，那就是身體化學與神經系統中神經元的生物電活動之間的對話。調節的化學分子啟動了感受過程，但無法獨力完成。

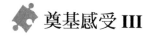 **奠基感受 III**

　　或許我們現在已經準備好冒險一探究竟，踏入感受的異世界。我提出了感受源自於我們深層的有機體化學，但我們能不能說明從何與如何出現呢？

　　感受過程的更深層次，涉及負責沿著各種路徑進行全面恆定調節的化學機制。在構成以感受表達其評價的品質和強度（它們的效價）底下，存在著分子、受器和活動。

　　這個化學樂團的表演方式有點讓人訝異。特定的分子作用在特定的受器，造成特定的活動。這些活動是為了維持生命而做的一部分艱苦奮鬥。活動本身已夠重要，但它們所屬且負責管理特定有機體生命的整體動態也很重要。這點非常容易理解。但不那麼清楚明白的是，分子和受器執行任務所產生的活動，如何幫助我們在主觀經驗中解釋感受在我們身上引起的「擾動」，更別說是感受的「品質」。

在試圖回答上述問題時，我們可以試著回想一下，雖然對外部世界的物體和動作的簡單知覺源自於位在有機體周邊的神經探測器，但感受源自於我們內部的深處，而且不一定只來自一個區域。幫助我們看見的視網膜圖或幫助我們觸摸的皮膚觸覺小體，實現了偵測和描述的奇蹟，但相對於我們的生命，它們都是超然的裝置。它們不會立即參與生命維持的痛苦和榮耀，然而感受卻是如此。

　　因為感受／知覺的實際**物體**正是有機體本身的一部分，所以那個物體（客體）事實上位在**主體／知覺者**之內。實在是太驚人了！感受跟外在知覺（例如視知覺或聽知覺）完全不同。視知覺或聽知覺的對象不會跟我們的身體溝通。我們看見的風景或我們聽到的歌曲，不會接觸我們的身體，更別說是身體裡面。它們存在於物理上分隔的空間。

　　在感受領域中，情況則徹底不同。因為感受—知覺的客體和主體存在於同一個有機體之內，所以**它們可以交互作用**。中樞神經系統可以修改引起特定感受的身體狀態，並且藉由這麼做來修改所感受到的。**這種卓越的設置，在外在知覺的世界中沒有相似的對應物**。或許你很想修改自己正在看的物體，甚至你可能希望美化你正端詳的特定影像。很遺憾，**實際上**你無法這麼做，除非是在你的想像中。[7]

區別感受的生理擾動可由這些加以解釋：身體內部不斷誘發的活動、這些活動在同一內部的廣泛且多層次神經繪圖中的接續反映，以及這些繪圖與各種身體腔室和活動息息相關的事實。這些繪圖是感受有各種「色調」的主要來源。它們產生有機體經驗到的**效價**：正和負、愉悅或不舒服、宜人的或討厭的。

　　源自於身體的活動相當多樣。可能是肌肉纖維的鬆弛和放鬆、特定器官的收縮和絞扼，或是內在或骨骼部分的實際運動。誠如連續且越來越分化的圖所反映的，鬆弛和放鬆的整體概況促成我們用**安適或愉悅**之類的詞稱呼的感受；收縮和絞扼模式產生我們所謂的**不舒服和抑鬱**。最終，根據某條局部拉傷的肌肉或某個傷口的詳細互動圖，我們產生我們稱之為**痛苦**的極度不適。

　　在特定有機體中感受到的愉悅和痛苦，始於器官和肌肉的更深之處。它們從分子和受器開始，這些分子和受器的活動改變了特定有機體中的組織、器官和系統。它們因為其中一些分子作用於處理身體信號的神經網路而持續存在。

---

7. 海倫娜・迪・普利司特（Helena De Preester）撰寫了一篇關於情感現象學的精闢翔實文章，內容直接與這個議題相關。Helena De Preester, "Subjectivity as a Sentient Perspective and the Role of Interoception," in Tsakiris & De Preester, *Interoceptive Mind*.

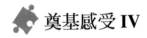 **奠基感受 IV**

我們剛剛了解了身體裡面的神經系統是如何,以及身體與神經系統如何無須中介地直接互動。另一方面,神經系統跟有機體外在的世界是**分開的**;神經系統透過感覺歷程(例如視覺和聽覺)繪製外在世界的圖,這些都會牢牢地植在身體裡,利用身體作為中介。

當我們說我們「表徵」周遭世界的物體或將之「繪成圖」時,「繪圖」的概念就帶出「圖」與「被繪圖的東西」之間該有的距離。圖與物體之間往往有著鴻溝,就像我在幾分鐘前走到外面的露台上,看著夕陽落入聖莫尼卡山脈背後,接著看到隨後而來的紅色暮光。

使用關於自己身體和製造感受的「繪圖」概念時,我們必須很小心,因為這個用法就好像這些圖是身體結構和狀態的純粹「反射」或「照片」,這又是一個超脫知覺的例子。

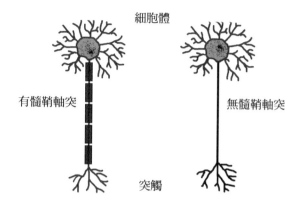

細胞體

有髓鞘軸突

無髓鞘軸突

突觸

圖III.1：有髓鞘和無髓鞘軸突。無髓鞘的軸突沒有絕緣。

　　然而，我們的感受一點都不超脫。實際上，感受和感受到的東西之間幾乎沒什麼距離。多虧了身體結構和神經系統之間能出色親密地交談，感受跟我們感受到的東西和事件才能幾乎融為一體。反過來說，這種親密性本身就是系統特性的產物，而負責從身體向神經系統發出信號的這個系統，就是**內感系統**。[8]

　　內感的第一個特性是，大多數的內感神經元都普遍缺乏髓鞘絕緣。典型的神經元具有**細胞體**和**軸突**，而軸突是通往**突觸**的「纜線」。突觸接著會與下一個神經元聯繫，

8. Antonio Damasio & Gil B. Carvalho, " The Nature of Feelings: Evolutionary and Neurobiological Origins," *Nature Reviews Neuroscience* 14, no. 2 (2013): 143-52; Gil Carvalho & Antonio Damasio, "Interoception as the Origin of Feelings: A New Synthesis," *BioEssays* 43, no. 6 (2021), doi.org/10.1002/bies.202000261.

要嘛允許、要嘛阻擋它的活動。結果就是神經元激發或靜止。

　　髓鞘作為軸突纜線的絕緣體，功用是阻止外來的化學和生物電接觸。然而，在缺少髓鞘的情況下下，軸突周圍的分子會跟軸突交互作用，並且改變它的激發電位。此外，其他的神經元也可以沿著軸突、而不只是在神經元的突觸進行突觸接觸，發生所謂的**非突觸信號傳輸**。這些運作不是**純粹神經**上的，它們沒有真正地跟它們所寄生的身體分開。相較之下，有髓鞘軸突的優勢在於將神經元和它們的網路與周遭環境的影響隔絕。

　　內感的第二個特性是，缺乏通常用作分隔神經事務和血流的屏障。這樣的屏障稱為血腦屏障（與中樞神經系統有關），或是血**神經**屏障（就周邊神經系統來說）。在跟

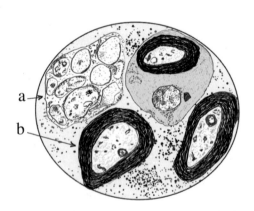

圖III.2：重要神經的橫切面，由此顯示（a）無髓鞘和
　　（b）有髓鞘軸突。

內感過程有關的大腦區域中，例如脊髓和腦幹神經節等循環分子能直接接觸神經元的細胞體之處，沒有屏障的情況特別顯著。

這些特性的後果相當值得注意。缺乏髓鞘絕緣和缺乏血腦屏障，使得**來自身體的信號能直接與神經信號交互作用**。內感絕對不能被視為身體在神經系統內的簡單知覺表徵，而該說是存在大規模的信息混合。

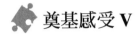 **奠基感受 V**

到目前為止，我們應該清楚了解感受的起源。感受形成之處是在有機體的內部，在內臟和體液的深處，那裡負責生命各個面向的化學佔了絕對優勢。我所說的是負責代謝和防禦的內分泌、免疫和循環系統的運作。

那麼感受的「功能」是什麼呢？雖然文化史、甚至科學史都讓感受的角色變得看似神祕又深不可測，但答案其實顯而易見：感受幫助管理生命。更具體地說，感受是警戒哨兵。它們向有幸配有這樣裝備的**各個心智，報告此一心智所屬的有機體內的生命狀態。**此外，**感受鼓勵那個心智根據消息的正向或負向信號採取行動。**

感受收集有機體內生命狀態的相關訊息，而感受所表現的「品質和強度」構成了管理生命過程的**評價**。它們直接表達了我們身體裡的生命企業有多成功或多失敗。維持生命是場艱苦的奮戰，我們的身體忙於從事複雜且多中心

的工作，好讓生命不只是成為可能，還穩健地繼續。生命穩健的感受是「充實豐裕」和「生機勃勃」，而平衡的生命歷程則被翻譯成「安適」。另一方面，「不舒服」、「抑鬱」和「痛苦」示意著生命管理工作的失敗。

我們生物所面臨的戲劇性情境，涉及維持活生物體中的連貫性和內聚力。此刻我周遭的無生命物體有沒有連貫性和內聚力，對於這些物體或對我來說，都不是問題。除非我決定破壞我在寫東西的桌子、我所坐的椅子，或是我周圍的書架和書，否則物體大多是永久的。但我的生命和因它而活起來的有機體就不是如此。我需要餵它們吃早餐和午餐；我需要讓身體保持在溫和的環境裡；我需要預防或避免生病，或一旦生病就需要接受治療。我甚至需要跟周遭的人維持和培養健康的社交關係，好讓社會世界中出現的情況不會衝擊我內部的狀態，也不會擾亂根據體內恆定的需要支配生命的過程。[9]

正如它們在我們可調整的動態有機體內部形成的那樣，**感受既是質的也是量的**。它們展示出**效價**：使它們的警告和建議沒有白費功夫，也在需要時激發我們行動的品質等級。當我經驗到恆定感受──在某些生理概況佔優勢時反映我內部評估的情況，我會第一手就知道自己生命的狀態，**然後**經驗的正或負效價會建議我糾正這個情況，要

---

9. Antonio Damasio, *The Strange Order of Things: Life, Feeling, and the Making of Cultures* (New York: Pantheon Books, 2018).

不然就幾乎不做什麼地接受它。它使我立刻行動起來或是享受旅程。

　　仔細想想，當我看著四周的物體、或聽到環境的聲音、或觸摸一個東西、或看見其他生物時，情況有多麼不同。在那個情況下，我也是訊息的接受者。我依然「被告知」物體或生物的存在和特徵，但現在資料的來源是外在世界以及它的物體和生物。我得知的是外部性，我沒有被告知我看見、聽到或觸摸的實體內部。知覺距離將我跟這些實體分開。它們**不在我的有機體裡面**。

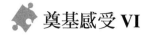

奠基感受 VI

　　飢餓或口渴之類的感受，示意著能量來源明顯下降或理想的水分子量減少。幸好，由於這兩種降低都可能造成生命無法繼續，更遑論維持健康的生命，所以感受除了提供寶貴的訊息，還會迫使我們根據那些訊息行動。它們激發我們採取行動。

　　感受過程背後的軌跡相當清晰：大量基本的微信息從身體組織和器官行進到（a）循環的血液，然後從那裡前往神經系統，或是直接行進到（b）嵌入身體組織和器官的神經末梢。一旦信號抵達中樞神經系統（例如脊髓和腦幹），它們就會面臨多條通往不同神經中樞的可能道路，感受過程在各神經中樞能更進一步。最後，這樣複雜的信號軌跡導致生產提供情報的心像。這樣的像（例如口乾、肚子咕嚕地叫或虛弱發出的單純缺乏能量信號），作用在於指出麻煩。它們伴隨著擔憂和不舒服的情緒狀態，接著

以糾正動作的形式激發反應。

感受促使或要求的反應有許多是自動執行，無須任何理性介入。我先前約略提到的極端例子，可以在呼吸和排尿的過程中找到。嚴重氣喘或肺炎發作時出現的氣流減少或中斷，自動伴隨著「空氣飢渴」（如字面所述的精確術語）的危急狀態，以及這個狀態在受害者和目擊者中引發的警報。膀胱漲滿引起的排尿需求，或許沒有空氣飢渴那麼戲劇性，甚至可能變成一種喜劇，但也能作為例子說明翻譯成強有力的情緒術語且感受像緊急、不可避免的迫切要求的恆定危機。[10]

簡言之，大自然為我們提供了火災警報器、消防車，以及醫療設施。而大自然一直持續完善這個策略的徵象，顯示在近期發現的中樞神經系統對免疫反應的控制。這些控制位於間腦，這是中樞神經系統的一個部分，坐落在大腦皮質之下、腦幹和脊髓之上。負責這項免疫控制的區域名為下視丘，它是著名的內分泌系統協調者，而內分泌系統支配著全身上下多數的荷爾蒙分泌。新的發現證明，下視丘會命令脾臟生產針對某些傳染原的抗體。換句話說，免疫系統與神經系統攜手合作，無須詢問我們——假定有意識的控制我們命運的控制者，就能促進體內平衡，並且幫忙解決問題。

---

10. Derek Denton, *The Primordial Emotions: The Dawning of Consciousness* (Oxford: Oxford University Press, 2005).

同樣有趣的是，感受過程的最高神經實例（腦島皮質）與胃黏膜的神經支配之間的關聯。我們知道，胃潰瘍是由特定的細菌直接造成，然而在讓細菌造成我們潰瘍與否的過程中，一個人的情緒調節也是其中一個因素。

奠基感受 VII

　　如果我們自問恆定感受從哪裡開始，合理的第一個答案是它們始於幾組分子，這些分子示意著關於以下這些生理參數的有利或不利的生命狀態：（a）正或負能量平衡；（b）有或沒有（i）發炎、（ii）感染、（iii）免疫反應；以及（c）和諧或不一致地履行驅力和目標。

　　涉及的關鍵分子範圍相當廣泛，包括類鴉片、血清素、多巴胺、腎上腺素和正腎上腺素，以及物質P，它們全都在這個範疇中佔有很大的部分。其中一些分子的存在歷史幾乎跟生命一樣古老，也對許多**沒有**神經系統的生物體起作用，但遺憾的是，它們卻被稱為「神經傳導物質」。出現這樣的誤稱是因為它們最初被描述時，是在有腦的生物中。但這些分子的效應，不一定在它們釋出後就結束。它們對身體系統的運作施加的變化，隨後可能被影響中樞神經系統的內感轉譯，再次改變當下的心智經驗。

完成這個過程是經由散佈在身體組織（皮膚、胸部和腹部內臟、血管）的神經纖維末梢，以及這些神經末梢投射到脊神經節、三叉神經節和脊髓中。神經元可以從那裡向腦幹神經核（臂旁核與導水管周邊灰質）、杏仁核，以及前腦基底核發出信號。最終，信號可以到達腦島和扣帶迴區的大腦皮質。

並非所有的恆定感受都是壞消息的預兆或表明前方有危險。當有機體在充分運作所需與其所得之間達成良好平衡的情況下作用時、當氣候環境很適宜時，以及當我們在社會環境中感到自在而不是衝突時，那麼出眾的恆定感受就是**安適**，其樣貌和強度可能各有不同。安適可能變得極為豐富和集中，以至於生出了愉悅的經驗。同樣的，在負面恆定感受的世界裡，抑鬱可能如此強烈地聚集成為**痛苦**。

痛苦的恆定感受提供一種自動診斷：在活組織的某些區域已經出現損傷，或即將發生傷害，如果情況沒有迅速改善就會如此。必須消除或減緩損害。物質 P 在痛苦過程中扮演關鍵的角色，而皮質醇和皮質酮的分泌是對導致痛苦的損害所做出的部分反應。[11]

---

11. He-Bin Tang, Yu-Sang Li, Koji Arihiro & Yoshihiro Nakata, "Activation of the Neurokinin-1 Receptor by Substance P Triggers the Release of Substance P from Cultured Adult Rat Dorsal Root Ganglion Neurons," *Molecular Pain* 3, no. 1 (2007): 42, dio.org/10.1186/1744-8069-3-42.

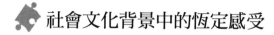 社會文化背景中的恆定感受

　　我們十分熟悉疾病帶來的不適和痛苦、或身強體壯
產生愉悅的直接方式。然而，我們往往忽略了這件事：
心理和社會文化情境也以這樣的方式運用體內恆定這個
機制，它們也會導致痛苦或愉悅、抑鬱或安適。在準確
地努力推行節約經濟的過程中，大自然並沒有費心製造
新的設備來處理我們個人心理或社會情況的好與壞。它
湊合著使用相同的機制。劇作家、小說家和哲學家很久
以前就知道這件事，但它依然未獲重視，原因或許是當
涉及社會與文化時，事情的作用方式往往比我們在應對
嚴密的醫學環境時更籠統模糊。儘管如此，但社會羞愧
的痛苦可與猛烈癌症的痛苦相比擬、背叛可能感覺像是
戳刺傷，而社會讚美帶來的愉悅，不管怎樣都能真正地
產生極度快感。[12]

12. 先前引用過的《事物的奇怪順序》討論了生物現象與社會文化結構和運作之間的深刻連結。另外參見 Marco Verweij & Antonio Damasio, "The Somatic Marker Hypothesis and Political Life" in *Oxford Research Encyclopedia of Politics* (Oxford University Press, 2019).

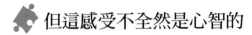 但這感受不全然是心智的

　　這句標題出自傑羅姆·科恩（Jerome Kern）所做的曲子〈我不會跳舞〉（I Won't Dance），這首歌因為佛雷·亞斯坦（Fred Astaire）、法蘭克·辛納屈（Frank Sinatra）和艾拉·費茲傑拉（Ella Fitzgerald）等歌手而大為流行。它的成功很大部分是來自桃樂絲·菲爾德（Dorothy Field）和吉米·馬洪（Jimmy Mchugh）在修改版中加進的歌詞。「但這感受不全然是心智的」（But this feeling isn't purely mental.），之後接著「因上天垂憐，我不是石棉」（For heaven rest us, I'm not asbestos.）。歌詞調皮地暗示著，愛不只存在於心中，也存在於男主角注意到自己在跟心愛的人跳舞時的興奮身體裡。他不是石棉做的，他是有著血肉之軀的人類，他對親密和浪漫有**生理**反應！他很尷尬，所以他不會再跳舞了。

　　有時，大眾智慧勝過費勁的科學。感受不全然是心智

　　感與知

的、感受是心智和身體的混合物、感受從容地從心智移動到身體再回到心智，以及感受攪亂了平和的心，這些就是這首歌的重點，也是我在這一章想說的重點。唯一需要補充的是，感受的力量來自它們存在於**有意識的心智**此一事實：嚴格地說，我們感受是因為心智是有意識的，而我們有意識則是因為有感受！我不是在玩文字遊戲，我只是在陳述看似矛盾卻非常真實的事實。感受曾是且仍是這場名為意識的冒險的開端。

VI 意識與知曉

為什麼是意識？為什麼是現在？

　　或許你很好奇，為什麼目前有這麼多哲學家和科學在書寫意識，為什麼直到近期科學文獻（更別說是廣大群眾）都還不太提及的話題，現在卻成為學術界的重要主題和好奇對象。答案其實很簡單：意識很重要，而大眾終於領悟到這點。

　　意識的重要性來自它直接帶給人類心智什麼，以及它隨後讓心智發現什麼。意識讓心智經驗成為可能，從愉悅到痛苦，以及當我們描述周遭世界和內在世界時，在觀察、思考和推理的過程中所知覺、記憶、回想和操弄的一切。如果我們從持續不斷的心智狀態中移除了意識成分，你和我仍擁有在心智中流動的意像，但這些意像就變成與我們無關的單獨個體。如此一來，這些意像就不屬於你或我或任何其他的人。它們不受約束地流動。沒有人會知道這樣的意像歸屬於誰。若是如此，薛西弗斯[1]就會沒事。

他是悲劇人物的理由，只是因為他知道這糟糕透頂的困境是屬於**他的**。

如果沒有意識，那就什麼都不可能**知曉**。人類文化的興起絕對少不了意識，因此意識也插手了改變人類歷史的進程。意識的重要性，再怎麼強調都不為過。儘管如此，了解意識如何出現的難度卻很容易被誇大，所以很容易把意識宣傳成難解之謎。

既然脊椎動物和許多無脊椎的物種也都十分可能天生具有意識，那為什麼現在我要撰寫意識對**人類**的重要性呢？意識對牠們不重要嗎？唉呀，當然也很重要，我並沒有忽略非人類生物的能力或相關性。我只是特別強調以下這些事實：（1）人類的痛苦和苦難經驗向來是超凡創造力的來源，這樣專注且執著的創造力負責發明各式各樣的工具，可以用來對抗開啟這個創造力循環的負面感受；（2）有意識的安適和愉悅激發了無數的方法，讓人類可用來確保和增進有利於生活的條件，無論是個別或整體社會的生活。除了罕見但明顯的例外，非人類生物也對痛苦或安適做出類似的反應，只是比人類的方式簡單，而且更為直接。確實，非人類生物成功地躲避或減輕了痛苦和

---

1. 譯註：Sisyphus，希臘神話中一個被懲罰的人，受到的懲罰是將一顆巨石推到山頂，而一到山頂，巨石又會滾回山下，永無止境地重複。

苦難的成因，卻（例如）無法修改它們的起源。意識對人類的影響，範圍與可及之處明顯大上許多。請注意，這並不是因為人類意識的核心機制有所不同（我相信它們沒有不同），而是因為人類的智力資源如此豐富廣闊。更廣泛的資源已使人類能藉由發明新的物體、動作和想法，對苦難或愉悅的兩極經驗做出反應，這就是我們所謂的文化創造。[2]

在這整個故事中，似乎有一些例外。被冠上「社會性」的一小部分昆蟲成功地組裝了一套複雜的「創造性」反應，這些反應的集合確實符合「文化」的一般概念。蜜蜂和螞蟻，以及牠們悉心建立的「城市」所呈現井然有序的都市性與文明性，就是這樣的情況。牠們是否過於渺小和卑微，以至於牠們沒能天生具備意識，也不具有意識推動的創造力？完全不是。我猜想，牠們也會受到牠們經驗的意識感受驅動。只不過，牠們多數行為缺乏彈性，限制了這種文化盛宴的演化──牠們主要是「固著」而非持續發展的禮貌說法。然而，這不應該減損我們對於這些發展如何在幾十萬年前發生，以及意識在其中大概發揮什麼作用的訝異程度。

---

2. 我在我的《事物的奇怪順序》（商周出版，2018）一書中，描述了生物學與文化演進之間的密切關係。Antonio Damasio, *The Strange Order of Things: Life, Feeling, and the Making of Cultures* (New York: Pantheon Books, 2018).

關於意識對人類有特殊影響的另一部分資格，涉及某些哺乳動物對同伴死亡的反應，例如從大象的葬禮可以清楚看出這點。毫無疑問地，觀察同類痛苦和死亡的結果所引起的自身苦難的意識，一步步地奮力形成這樣的反應組合。相較於人類，兩者間的差異在於發明的規模，以及反應的建構所呈現的有效性和複雜性高低。這些例外通常支持這樣的想法：跟反應差異有關的是物種的智力程度，而不是特定物種的意識本質。

　　可以合理的詢問，意識推動形成反應的效力，主要來自感受的積極面或消極面，亦即來自正或負的效價。痛苦、苦難和死亡的體悟特別具有力量，我相信比安適和愉悅的力量更大。關於這點，我猜想宗教就是循著那樣的體悟發展出來，亞伯拉罕宗教 [3] 和佛教尤其如此。在某種程度上，意識從歷史、演化的角度來看是**一顆**禁果，一旦吃下就讓人易受苦難和痛苦的傷害，最終還悲慘地直接與死亡對抗。這種觀點十分符合這個想法：意識藉由感受之手進入演化，不僅僅是任何感受，而特別是負面感受。

　　死亡作為悲劇的來源一事，在聖經敘事和希臘戲劇中得到公認，然後一直存在於藝術創作中。奧登（W. H. Auden）用詩生動描述這個想法，他在詩中將人類化身為

3.譯註：Abrahamic religions，猶太教、基督教與伊斯蘭教這三大一神教的統稱。

精疲力竭但仍反抗的鬥士，懇求殘忍的皇帝說：「我們這些必死之人需索一個奇蹟。」他用**需索**（demand）而不是**需要**（require）或**請求**（request），這是詩人絕望地看著人類無以避免的崩潰，不知該如何是好的明確徵象。奧登已經領悟到，「有可能什麼都拯救不了我們」，這個不那麼原創的結論，深深地滲入了許多宗教和哲學系統的創始故事，至今依然誘使各地的凡人遵循教會在人生苦海中給予協助的忠告。[4]

然而，光有痛苦，完全沒有愉悅指望的單一痛苦，只會促使我們逃避苦難而不是追求安適。因此，我們終將成為痛苦和愉悅兼具的人偶，時不時地藉由我們的創造力獲得自由。

---

4. W. H. Auden, *For the Time Being: A Christmas Oratorio* (London: Plough, 1942).

◆ 自然的意識

　　沒有正式宣告、也沒有適當定義的「意識」
（consciousness）一詞，具備了多重意義，而且變得有點像
是語言學的惡夢。這個新鮮的英文單字在莎士比亞的時代
甚至還沒出現，而羅曼語族[5]也沒有直接對應的字；至於
法文、義大利文、葡萄牙文和西班牙文，有個單字勉強等
於「良心」（conscience），但需要用前後文來闡明說話的
人指的「良心」是什麼意思。[6]

　　意識的各種意義中，有些跟觀察者／使用者的視角有
關。哲學家、心理學家、生物學家或社會學家確實都在探
究意識。一天到晚聽到某些問題存在於、或沒能進入「他
們的意識」的普通人也是，這些人一定很好奇意識是不是

---

5. 譯註：Romance languages，印歐語系，公元三至八世紀間從義大
　利語族或通俗拉丁語中衍生出來的現代語族，主要包括從拉丁語
　演化而來的現代諸語言。

標示清醒、注意或只是擁有心智的廣義標籤。

然而，悄悄隱藏在其文化包袱底下的「意識」一詞有著**本質**的意義，縱使當代的神經科學家、生物學家、心理學家或哲學家使用不同方法處理這個現象而解釋方式各有不同，但他們都一致認可這點。他們全都認為，「意識」多半是**心智經驗**的同義詞。

那麼，心智經驗是什麼呢？它是**心智**的狀態，具備兩個顯著且相關的特徵：它展現的是**感受到的**心智內容，這些心智內容採用一個單一**觀點**。進一步的分析顯示，單一觀點是特定有機體的觀點，而心智生來即在這個有機體內。察覺到「有機體觀點」、「自我」和「主體」等概念之間存在親屬關係的讀者是對的，如果他們由此領悟到「自我」、「主體」和「有機體觀點」相當於某個十分有形的東西——真實的「所有權」——也完全正確。「有機體擁有自己特定的心智」；心智屬於自己特定的有機體。你、我，任何一個有意識的實體，全都擁有一個因意識心

---

6. 「意識」一詞太過新近，因此在莎士比亞的筆下完全不曾出現。羅曼語族從未發展出等同於英文 consciousness（意識）的字，仍然使用 conscience（良心）這個單字既作為「意識」的同義詞、也指稱道德的行為。當哈姆雷特說：「這樣，重重的顧慮使我們全變成了懦夫（Thus conscience does make cowards of us all）」（譯註：朱生豪譯本），他指的是道德上的不安，而不是指意識。「意識」一詞在 1690 年出現，約翰·洛克（John Locke）將之定義為「一個人對進入自己心智中的東西的知覺」。不算太糟，但也沒有它需要的那麼好。

智而活起來的有機體。

　　為了讓這些考量盡可能地清晰易懂，我們需要清楚說明幾個名詞的意義：**心智**、**觀點**和**感受**。

　　如先前的定義，**心智**是指稱主動產生和展現意像的一種方式，這些意像源自於實際知覺或記憶回想或兩者兼具。構成心智的意像源源不絕地流動，在這麼做的同時，描述了各式各樣的行動者和物體、各式各樣的動作和關係、各式各樣有和沒有符號翻譯的品質。個別或組合而成的各種意像（視覺、聽覺、觸覺、語言等等）都是知識的自然載具，它們**運輸知識**，它們外顯地示意知識。

　　觀點指的是「觀看的著眼點」，想當然耳，在我使用「觀看」一詞時，我並不是單指視覺。盲人的意識也有觀點，但跟看見完全無關。我所謂的觀點是指更一般的意義：與我有關係的不只是我所見的，還有我聽到或觸摸的，重要的是就連**我**在自己身體中所知覺的也有關係。我在談論的觀點是意識心智「所有者」的觀點。換句話說，它相當於一個活生物體所持有的觀點，**表達**這個觀點的是，當它在一個有機體內運作時，在**同一個有機體所擁有的心智內流動的意像**。

　　但我們在探求觀點的起源上可以更進一步。相對於我們周遭的世界，多數活生物體的標準觀點主要是從這些有機體的**頭**來定義。部分原因是聽覺、視覺、嗅覺、

味覺，甚至平衡的感覺探測器都位在身體的頂端（或前端）。作為高度發展的生物，我們當然也知道大腦就在頭裡面！

奇怪的是，關於我們有機體內在的世界，觀點是由感受提供，這些感受毫不含糊地顯露心智和身體的自然關聯。無須詢問任何問題，感受自動就讓心智知道，心智和身體是在一起的，彼此都屬於對方。**多虧了感受，分隔物質身體與心智現象的空隙才能自然而然地弭平。**

有關意識背景下的感受，我們還需說些什麼呢？我們需要斷言，自我參照不是感受的可選擇特徵，而是不可或缺的定義性特徵。此外，我們可以更大膽一點：我們可以宣稱感受是標準意識的基礎成分。

為了避免感受有多重要的傳奇事蹟轉移我們的注意，我們也需回想起，所有感受都致力於反映體內生命的狀態，無論那個狀態是自發、還是受到情緒修改。這完全適用於參與意識產生過程的所有感受。

總結來說，在心智中不斷展現，也對形成意識不可或缺的感受有兩個來源。一個來源是在體內經營生命的全年無休企業，它必然地反映出生命的起起伏伏：安適、抑鬱、渴望食物和空氣、口渴、痛苦、慾望、愉悅。誠如我們先前所見，這些屬於「恆定感受」的例子。

感受的第二個來源是心智內容經常激起、或強或弱的

情緒反應集合：隨時都可能來拜訪我們的恐懼、喜悅和煩躁。它們的心智表達被稱為「情緒感受」，是構成內部敘事的多媒體產物的一部分。由這兩種機制源源不斷製造的感受也併入了敘事中，但它們原先是產生意識過程的裝置。事實上，各種恆定感受幫助從零開始建立人類的存在。[7]

因此，意識是**心智的特定狀態**，由多重心智事件貢獻而成的生物歷程製造產生。透過內感神經系統發出信號，身體內部的運作貢獻了**感受成分**，而中樞神經系統內的其他運作則貢獻了描述有機體周遭世界及其肌肉骨骼框架的心像。這些貢獻以嚴密控管的方式，聚集產生十分複雜卻絕對自然的某件事：**活生物體**包羅萬象的心智經驗，**時時刻刻都沉浸在理解自己內在世界和（奇蹟中的奇蹟）自己周遭世界的行動**。意識過程就如心智術語表達的那樣在有機體內有了生命，並將範圍設定在自己的物質邊界裡面。心智和身體獲得集合的共同財產，還附帶公證的所有權文件，它們持續地慶祝自己或好或壞的運氣，直到沉沉睡去。

---

7. Derek Denton, *The Primordial Emotions: The Dawning of Consciousness* (Oxford: Oxford University Press, 2005).

 意識的問題

　　在借助普通生物學、神經生物學、神經心理學、認知科學和語言學之下，心理學的不同分支於闡明知覺、學習和記憶、注意、推理，以及語言方面取得了驚人進展。它們在理解情感（驅力、動機、情緒、感受）和社會行為方面也取得了重大進展。

　　無論是從公開表現或從主觀觀點來看，任一功能背後的生物結構或過程都完全看不清楚。推動這些不同問題的科學進展，需要辛勤研究、創造發明，並且融合理論努力和實驗室方法。因此，讓人深感訝異的是，關於意識的討論就像是獨樹一格，被賦予了特殊地位，它是一個獨特的問題，而不只是一個難以對付且不能解決的問題。有些意識主題的作者，試圖藉由推動名為「泛心論」（panpsychism）的極端提議來克服僵局。

　　以意識和心智好像可以彼此互換的方式來談論它們，

這點相當有問題。問題更大的是,他們將意識和心智視為無所不在的現象,存在於所有的活生物中,屬於生命狀態不可或缺的部分。所有單細胞生物和所有植物都可透過它們分到的意識來考量。既然如此,那為什麼要止步於活生物呢?對有些人來說,就連整個宇宙與其中的所有石頭都被視為有意識和有心智。[8]

推動這些提議的理由跟一個不公正的立場有關,亦即了解心智其他面向的努力還不足以解決意識的問題。我看不到任何證據顯示情況確實如此。普通生物學、神經生物學、心理學和心智哲學都內含解決意識的問題所必需的工具,甚至在解決心智本身組構的深層潛在問題上也起了很大的作用。此外,物理學同樣能派上用場。

在意識研究中的一個主要議題,涉及現在眾所周知的「艱難問題(難題)」,這是哲學家大衛‧查爾默斯(David Chalmers)提出的名詞。[9]用他的話來說,問題的一個重要面向是指「大腦中的物理過程為何與如何產生意識經驗?」

簡而言之,問題牽涉到所謂不可能解釋名為大腦——由數十億名為神經元的**物質實體**組成,透過幾兆個

---

8. 史都華‧哈默洛夫(Stuart Hameroff)和克里斯多福‧柯霍(Christof Koch)這兩位生物學家在他們關於意識的研究中採用了泛心論的觀點。

9. David J. Charlmers, *The Conscious Mind: In Search of a Fundamental Theory* (Oxford: Oxford University Press, 1996).

突觸相互連結──的物理化學裝置可以產生**心智狀態**，更別說是**有意識**的心智狀態。

大腦如何能產生與特定個體始終相連的心智狀態呢？此外，這些大腦產生的狀態如何能**感覺像是某些什麼**，就像哲學家湯瑪斯‧內格爾（Thomas Nagel）認為的那樣？[10]

然而，艱難問題的生物公式其實站不住腳。詢問為什麼「大腦中」的物理過程竟然會產生意識經驗，本身是個錯誤的問題。雖然大腦是意識產生不可或缺的部分，但沒有任何跡象透露大腦僅僅產生意識。

相反地，生物身體本身的非神經組織對創造任何有意識的時刻也有重要貢獻，必須作為問題解答的一部分。這主要是經由感受的混合過程發生，我們認為這是製造意識心智的關鍵促成因素。[11]

「我有意識」這句話是什麼意思？就想像得到的最簡單程度，它的意思是，在我描述自己有意識的特定時刻，我的心智擁有自發地將我認定為其所有人的知識。

---

10. Thomas Nagel, "What Is It Like to Be a Bat?" *Philosophical Review* 83, no. 4 (1974): 435-50, dio.org/10.2307/2183914.

11. 許多哲學家基於其他理由批評了艱難問題的立場，丹尼爾‧丹尼特（Daniel Dennet）即是如此。Daniel C. Dennett, "Facing Up to the Hard Question of Consciousness," *Philosophical Transactions of the Royal Society B* (2018), doi.org/1098/rstb.2017.0342.

從根本上來說，知識以各種方式與**我自己**有關：（a）我的身體：透過身體，我不斷經由感受得知或多或少的細節；（b）加上我從記憶中回想的事實，這些事實可能屬於（或不屬於）知覺時刻，也是我自己不可或缺的部分。

使心智有意識的知識盛宴，規模可大可小，端看與會的貴賓有多少，但某些賓客不只是尊貴，還有參加的義務。讓我一一點名他們：首先是，**關於我的身體當前運作的一些知識**；再來是，**從最近與很久以前的記憶中提取的一些知識，關於我此刻是誰和我曾經是誰**。

我絕對不會笨得說出意識就是這麼簡單，因為它一點都不簡單。低估由那麼多活動零件與接合點所產生的複雜性，真的是一點好處都沒有。

然而，儘管意識很複雜，但從心智上來說，弄懂它是由什麼組成似乎並非（或不必保持）神祕不可思議或不可能。

我對我們活生物體──我們稱為神經的部分以及我們很容易忽略而不當一回事的「身體其餘部位」的部分──如何調製出能產生充滿感受和個人參照感之心智狀態的過程，滿滿都是欽佩。但欽佩不需要神祕來加持。神祕的概念以及生物學解釋超出我們理解範圍的想法都不適用於此。問題可以找到答案，謎題終究獲得解決。儘管如此，人們依然對這件事充滿敬畏：

組合幾個相對透明的功能編排，最終為我們帶來了什麼益處。[12]

---

12. 關於意識方面的理論和事實的新近回顧，請參見 Simona Ginsburg & Eva Jablonka, *The Evolution of the Sensitive Soul: Learning and the Origins of Consciousness* (Cambridge, Mass.: MIT Press, 2019). 這本書提供了當代有關意識見解的全面調查，主要涵蓋生理學和生物學的觀點。另外參見 Antonio Damasio "Feeling & Knowing: Making Minds Conscious," *Cognitive Neuroscience* (2021).

♦ 意識所為何來？

　　這是個重要的問題，但少有人認真地詢問。已有人提出了意識無用的想法，但如果意識沒有任何作用，那它還會存在嗎？一般來說，有用的功能在生物演化中會受到維護和鍛鍊，而無用的功能往往會被捨棄，這是天擇該做的事。所以可以肯定，意識不是毫無用處。

　　首先，意識幫助有機體達到生命調節的嚴格要求，藉以支配自己的生命。許多先於人類出現的非人類物種即是如此，而人類也顯然如此。這點應該在意料之中。畢竟，意識的基礎之一是感受，目的在於配合體內恆定的要求來協助治理生命。有人可能會說，為了努力在預產期（有個年表存在）催生出意識，感受在演化中只比意識早了半步出現，確切地說，感受是作為意識的墊腳石。

　　然而，實際情況是，感受的功能價值與這件事密不可分：感受明確地與擁有它們的有機體相關聯，而且就棲身

在所有者的心智中。感受孕育了意識，並且慷慨地把意識送給了心智的其餘部分。

第二，當有機體十分複雜時（當然是在他們擁有能支持心智的神經系統時），意識就成為**在成功治理生命的奮鬥中**不可或缺的才能。

獨立的活生物體，是有可能在沒有心智或意識的情況下成功存活下去，如同我們在細菌和植物中所看到的那樣。它們存在和持續的問題，可以藉由一種強大的**非心智能力**來低調解決，這是一種心智與意識組合的先驅，毫不張揚卻非常聰明。我用「毫不張揚」形容這種非意識的能力，是因為它在沒有主觀意識的華麗外表裝飾下，最終仍把非意識生物的生命治理得非常好。

但重要的是，我們必須注意到，雖然意識心智產生了外顯智力的治理，但在需要時，它們也受助於非外顯的智力。如果生命在運轉時無人看管且不受支配，那就不可能有生命。生命需要管理。無論是有意識的心智或非外顯的能力，對於良好的生命治理都是不可或缺的，但並非所有物種都需要從非意識到有意識的全面智力管理。

因為意識將心智與特定有機體永久地綁在一起，所以它協助心智為那個有機體的特殊需要提出急需的理由。而當有機體能用心智描述自己需求的程度，並且能將知識應用在回應這些需求時，那他們的需求本身就是要征服的宇宙。意識心智幫助有機體清楚地辨認他們的生存所需，然

後小心謹慎地完成這些必需之事。通常，根據感受涉入的程度，意識可能要求、甚至強加反應在辨認出的需求。外顯知識和推理提供了內隱能力得不到的資源，內隱能力受隱蔽的各種智力支配，而且只對基本的體內恆定有所反應。知識和創造性推理為特定需求發明了新穎的反應。

　　天生具備意識心智的生物，獲得驚人的優勢。為了配合智力和創造力的程度，他們的活動場域也在擴大。他們可以在更多樣的環境中為生活而拚搏。他們可以面對更多變化的障礙，而且更有機會克服障礙。意識擴展了他們的棲息地。

　　具備廣大心智能力的生物在自己的計算和創造性努力中使用意識，也就是這些心智能力屬於自己身體的參照。整個行為計畫都因意識而受益。所以，與其問為什麼我們的創造過程竟然伴隨著意識，倒不如問在缺乏意識的情況下，我們的任何最佳行為怎麼會有可能，更別說是有用。

心智和意識不是同義詞

　　我花了一段時間才領悟到，我們在辯論意識時所遭遇的問題，部分來自於一個嚴重的混淆。意識是獨特的心智狀態，但「意識」和「心智」這兩個詞的用法往往就像它們是同義詞，而且對應於相同的過程。極力堅持這點的「誤用者－混淆者」可能容許這樣，但他們卻對關鍵的區別視而不見。他們和其聽眾因此變得無法將意識的中心機制，想像成對心智的主要過程**進行修改**。

　　這樣的混淆是「組合問題」的結果。被功能外衣緊緊包裹的複雜現象，很難確實打探到它的構成要素。如同我在本書的副標所使用的那樣指稱「有意識的心智」而非「意識」或許會有幫助，因為「有意識」限定了「心智」，值得注意的是，並非所有心智狀態都一定是有意識的，也就是說製造意識需要加入一些**成分**。

　　就我的提議，意識是一種**加料的**心智狀態。添加的料

包括**在進行的心智過程中插入額外的心智元素**。這些額外的心智元素大多跟心智的其餘部分出自同一處（它們都是意像的），但幸虧有它們堅定宣告的內容：**我當前可使用的所有心智內容都屬於我，全都是我的東西，實際上在我的有機體內展開**。所以添加物具有**啟示性**。

揭露心智的所有權，是由感受最先完成。當我經驗到我們稱為痛苦的心智事件時，我真正能將它定位在**我身體的某個部位**。實際上，感受**同時**在我的心智和我的身體中發生，這是有原因的。兩者都屬於我，它們都位在同一個生理空間裡面，彼此可以交互作用。

整合的有機體，也就是心智內容出現之處，對心智內容的明顯所有權，是**意識**心智與眾不同的特質。當這個特質不存在或不具主導權時，比較簡單的**心智**一詞就是恰當的描述。

使用與其當然所有者的穩固連結為心智加料，牽涉到的機制包括在有機體的心流中插入確實連結心智與所有者的內容。它們在系統的層次發生。它們不該被視為難解之謎。

我對意識問題的解答，並不代表意識背後的所有生物機制都得以闡明。我也沒有暗指意識的各種狀態在範圍和等級上全都相等。當我從沉睡中清醒時（幾乎還搞不清楚自己是誰和身在哪裡）的意識心智，以及幫助我長時間深入思考複雜科學問題的意識心智，兩者之間存在著區別。

但我對意識問題的解答，在這兩種情況下都適用且具有決定性。為了讓有意識的心智現身，我需要用跟我這個有機體有關的知識為單純的心智過程加料，這些知識確認了我是我的生命、我的身體和我的思想的所有者。

專注於平凡問題的簡單意識心智過程，以及涵蓋大量歷史的豐富、全方位的意識心智過程，兩者都仰賴一個成年儀式：**「心智所有者」的認定，這需要將那個心智安放在所屬身體的環境裡。**

🧩 有意識不同於清醒著

　　有意識和清醒著（being awake）通常被認為是相同的狀態，然而意識和清醒（wakefulness）其實相當不同。可以肯定的是，意識和清醒有關聯。我們知道，有機體睡著時，他們的意識通常會關閉，但我們也絕不能忘記一個明顯的例外：當我們熟睡時，意識會在我們做夢期間回歸，創造十分怪異的情境。我們睡著了，**而且**我們是有意識的。此外，在昏迷狀態的某些變化中，患者顯然是無意識的，然而他們的腦電波圖（EEG）指出，嚴格來說他們依然是醒著的。我知道，這聽起來很複雜且令人困惑，但我可以證明，一旦這些變數的迷霧散去，我們就能自信地說意識不僅僅是清醒狀態。[13]

　　我們應該把清醒狀態視為讓我們能「檢驗意像」的運作，有點像是打開攝影棚的燈。然而，清醒過程並不涉及組裝我們心智中一連串的意像，也無關乎告訴我們自己正

在檢驗的意像屬於我們。

　　誠如我們先前在心智討論中的發現，「感覺」或「偵測」（觸摸、溫度升高、振動）的能力，也不應該跟心智或意識混為一談。

---

13. Antonio Damasio & Kaspar Meyer, "Consciousness: An overview of the Phenomenon and of Its Possible Neural Basis," in *The Neurology of Consciousness*, ed. Steven Laureys and Giulio Tononi (Burlington, Mass.: Elsevier, 2009), 3-14.

建（解）構意識

　　我為什麼相信意識的問題有著看似合理的解答呢？首先，因為我能設想一種心智內容藉以清楚連結感受主體的方法，而感受主體也藉此假定這些內容的所有權。第二，因為我設想的方法需要使用一種生理機制，而這種機制的狀態在系統層次上能合理地了解。

　　建構意識的方法，是對我們稱為心智的心像流加上一組額外的心像，這組額外心像表示了誰擁有心智的**感受**和**事實**參照點。無論是傳統或混合（例如感受）的心像，都攜帶並傳達了作為意識關鍵成分的意涵，就像它們也是單純心智的關鍵成分一樣。沒有引起也不需要先前未知的現象，更不必要為了讓集合有意識而在意像釀製中添加神祕的原料。

　　意識的關鍵在於，使意像成為可能的**內容**。它存在於這些內容自然提供的知識。所有意像都必須能提供情報，

好讓它們可以幫助確認自己的所有者。

　　對意識提出一個不訴諸未知和神祕的解答，並非意味著這個解答很「簡單」，它一點都不簡單；更不是暗指所有跟意識心智的運作有關的問題都得以解決，它們沒有全都解決。當我們在觀賞華格納創作的《尼貝龍根的指環》的表演時，從生理上來說，我們有機體內發生的事並不適合膽小的人——無論是從音樂、戲劇，還是生物上來說。

　　心智的意像內容，大多來自三個主要的小宇宙。第一個小宇宙涉及**我們周遭的世界**。它產生了存在於我們所處環境的物體、動作和關係的意像，我們在這環境中持續不斷地用外在感覺（視覺、聽覺、觸覺、嗅覺和味覺）仔細審查。

　　第二個小宇宙涉及**我們內在的舊世界**。稱它為「舊」世界的原因是，它包含了負責新陳代謝的演化上古老的內部器官：例如心臟、肺臟、胃和腸等內臟；大而獨立的血管以及位在皮膚深處的血管；內分泌腺、性器官等等。這是產生感受的小宇宙，如同我們在情感那幾節所見。作為感受一部分的意像，也對應於實際的物體、動作和關係，但有一些重大區別。

　　首先，這些物體和動作位在我們的有機體裡面，它們在主要位於胸部、腹部和頭部裡的內臟內部，也在遍佈全身上下皮膚、被血管的平滑肌管壁穿過的廣泛內臟。

此外，來自第二個小宇宙的意像，主要表徵物體有關它們在我們生命經濟活動中有何功能的**狀態**，而不僅僅表徵內在物體的形狀和動作。

最後，舊世界小宇宙中的過程，在實際的「物體」（如內臟）與表徵它們的「意像」之間來回穿梭。而在身體實際改變的部位與這些改變的「知覺」表徵之間，存在持續的交互作用。這是一個同時屬於「身體」和「心智」的徹底混合過程；它讓心智這邊的意像能在身體發生變化後更新，並且相應地改變。

值得注意的是，相對於生命過程，意像表徵的是品質與其瞬時值或效價。內部實際物體和動作的**狀態**和**品質**才是明星。奪取表演的並非實質的小提琴或小喇叭，而是它們發出的**聲音**。換句話說，感受不能化約成固定的意像模式，它們關係到運作的「範圍」。

心智的第三個小宇宙也屬於有機體內在的世界，但牽涉到完全不同的部分：**骨骼、四肢和頭骨、確實受到骨骼肌保護和驅動的身體部位**。內部的這個部分，為整個有機體供應了**框架**和**支撐**，並且穩固了骨骼肌（包括我們用來移動的肌肉）執行的外部運動。整個框架是作為在第一和第二個小宇宙發生的其他一切的參照。

有趣的是，從演化的角度來看，內部的這個部分不像內臟部分那麼古老，也不具有相同的獨特生理特質。這個「不那麼老的內部」沒有一處是柔軟的。堅實的骨

頭和強健的肌肉，為有機體搭建出良好的鷹架和良好的
結構。

❖ 延伸意識

　　一旦感受出現而且主體受到確認，心智就有了意識，這個想法乍看之下或許令人驚訝，但不成問題。然而，我提出的意識說明被認為對現象的「重要性」來說太過「微小」，這個想法就是問題，需要加以解決。

　　依我之見，實際上造成問題的不是我的說明，而是對意識理應為何的預期，這種預期向來跟傳統、模糊且誇大的意識概念相關聯，截然不同於意識真正是什麼和實際上做什麼。我先前提過意識在演化中的獨特角色，也提到了它在人類歷史中不可或缺的事實。唯有根據意識，道德選擇、創造力和人類文化才得以想像。而置於意識背後的關鍵機制，規模完全相符於這些事實。

　　我對意識的說明，乍聽之下規模不夠大的原因之一跟「**延伸意識**」的概念有關，這是我在剛開始研究問題時所採用的概念，我曾經相當喜歡這個概念。[14]「延伸」一詞適

用於我心目中意識的大規模變化，這個名稱旨在涵蓋我們閱讀普魯斯特、托爾斯泰和湯瑪斯曼，以及我們聆聽馬勒第五號交響曲的經驗：廣大、宏偉、豐富、長遠，包含眾多人類及其各自的居住地、借鑑我們曾牢記的過去、創意擺弄我們貯存的知識，並將自身投射到可能的未來。

今日我所見的問題在於，我始終該談的是「延伸**心智**」，而不是「延伸意識」。無論設備用於百萬個意像或只有一個，意像藉以有了意識的基本機制依然相同。改變的是我們心智過程的規模和容量，這是為了迎合我們回想和正在處理的材料數量以及被召來介入的注意力，就像音樂、文學、繪畫和電影的整面畫布一點一點地**被心智涵蓋**而不得不屬於我們，也就是說**有了意識**。

---

14. Antonio Damasio, *The Feeling of What Happens: Body and Emotion in the Making of Consciousness* (New York: Harcourt Brace, 1999).

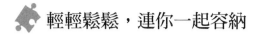

輕輕鬆鬆，連你一起容納

　　過去我把艾蜜莉・狄金生（Emily Dickinson）的著名詩作看成頌揚意識的歌，但我現在認為它是對人類心智的透澈觀察。[15] 仔細想想這首詩的前四句：

　　大腦比天空遼闊，

　　因為，把它們放在一起，

　　大腦將涵蓋天空，

　　輕輕鬆鬆，連你一起容納。

　　狄金生憑直覺知道，在形成意識心智的過程中需要**你**——作為我或任何其他個體，但是她把焦點放在那個心智的規模。當前我正注視著的視覺全景和聽覺背景，怎麼

---

15. Emily Dickinson, "Poem XLIII," in *Collected Poems* (Philadelphia: Courage Books, 1991).

會比我不大不小的腦大上許多？這就是她想知道的。

　　大腦必須比天遼闊（她在這裡指的是比頭骨大），因為大腦能容納的不只是我們周遭的世界，此外還能容納**你**。然而，正如狄金生清楚知道的，無論世界還是我們都無法真正地塞進頭骨裡面。首先，我們和世界都必須縮小，按照大腦比例重新調整。一旦完成重新調整，我們和我們的思想就有可能膨脹到整個宇宙的尺寸，同時還能塞進腦袋裡。

　　狄金生一股腦地投入在心智的有機觀點，以及人類心靈的現代概念。然而，最終發現原來比天空遼闊的不是大腦，而是生命本身、身體的孕育者、大腦、心智、感受和意識。比起整個宇宙更令人敬畏的是生命，作為物質和過程的生命啟迪了思考和創造。

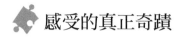# 感受的真正奇蹟

又是感受，真的需要這樣嗎？我們確實必須如此。感受告知我們危險和機會，並讓我們有動機採取相應的行動，藉此保護我們的生命。這一切毫無疑問都是自然的奇蹟，但感受還帶給我們另一個奇蹟，人若少了這個奇蹟，就不會注意到感受的引導和激勵。感受供給心智一些事實，我們基於這些事實可以毫不費力地知道，此刻在心智中也屬於我們的任何其他東西正在我們身上發生。感受讓我們能夠經驗而且變得有意識，也讓我們可以協調有關自己單一存在的心智持有物。最早使意識成為可能的就是恆定感受。

感受提供給心智過程的關鍵事實，涉及有機體內部持續受到恆定調節修改的相關細節。它們顯示，整個過程都發生在心智中，而這個心智是內部正在發生恆定調節的有機體的一部分！心智是「它的」有機體所「擁有」。

讓意識成為可能的感受，沒有特別與眾不同。它們並列兩個主要的現象：（1）內部的意像，詳述了有機體內在形態受體內恆定驅動的變化；以及（2）詳述了圖與其身體來源之間**交互作用**的意像，藉此自然地透露，繪圖是在它們所表徵的有機體內在形成。發現所有權的原因是，有機體狀態與在那個有機體內產生的意像，彼此有顯而易見的相互影響；所有權是一個明顯事實的結果：一個過程（心像的組構）在另一個（有機體）裡面發生。

有機體擁有心智這個事實，有個耐人尋味的結果：在心智中發生的一切（內部的圖，以及存在於周遭外部和發生在其中的其他有機體／物體的結構、動作和空間位置的圖），都必然是透過採取**有機體的觀點**建構而成。

內心世界的優先順序

　　人們隨意提到意識的時候，他們往往最先想到的是外在世界。他們通常認為，有意識的狀態等同於表徵他們周遭世界的能力。這種想法完全可以理解，因為我們的心智太過不成比例地偏好我們外在的世界。但為什麼會這樣呢？因為若想以有利於生命的方式支配我們與那個世界的互動，就一定要將我們周遭的世界繪成圖。儘管如此，雖然這個過程有助於揭示我們可以知道什麼和善加利用什麼，但它並非透露、更遑論解釋，我們如何或為何意識到我們繪成意像的材料，換句話說，我們為什麼知道我們知道。**為了有知識和有意識，我們需要將物體和過程「連結」或「參考」我們自己的有機體，也就是我們自己。我們需要使我們的有機體成為物體和過程的測量者。**

　　當我們用知識確立了參照和所有權時，我們就會意識到我們的存在，也意識到我們的知覺。

我們只會知道我們知道——這真正的意思是，我們只會知道我們**每個人各自**擁有知識，因為我們同時得知現實的另外兩個面向。一個面向涉及我們古老的化學和內臟內部的狀態，這以名為感受的混合過程來表達。另一個面向是空間參照，來源是我們的肌肉骨骼內部，特別是穩固「自我」這棟宏偉建築的安定框架。

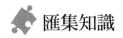 匯集知識

　　有人或許會試圖將建構「意識」的過程視為成功的建築包商匯集建案所需的材料和工匠的過程。意識將點點滴滴的智識聚集在一起，憑藉它們的同時存在揭開了歸屬之謎。它們有時用感受的微妙語言，有時用普通的意像、甚至是臨時翻譯的字句告訴你我，是的，你瞧，在想這些事情、看見這些景象、聽到這些聲音，以及感受這些感受的是你我。這裡的「你」和「我」，是由心智部分和身體部分確認。只要心智事件和整體生理機能之間建立起穩固的連結，那就沒什麼區別。負責你的意識的承包商說，你的腦袋裡能冒出世界，那是因為你的整個有機體（不只是你的大腦）是個開放的舞台，那裡有場不停歇的表演正為了你的利益而演出到底。

　　用於建構的一磚一瓦材料就是知識，跟心智其餘部分的材料沒什麼不同。而知識的基質是意像和更多的意像，

包括那些仰賴大腦－身體互動並附帶拉拉扯扯的混合意像：我們稱為感受的「意像」。在不斷前進的心智軌道上堆疊的點滴知識、幫助描述我們生命中時時刻刻的那些意像城堡，這一點一滴的知識都不停地在證明我們的存在。

意識是匯集足夠的知識，在流動的意像中自動產生這樣的概念：意像是**我的**、正在**我的**活生物體內發生，而且那個心智……當然也是**我的**！意識的奧祕在於匯集知識，並將這些知識作為心智的身分證明。雖然在意識被賦予大量的意像時，整合確實發揮了作用，但意識不只是心智元素的整合。

回顧以往，在探索意識的過程中，一犯再犯的錯誤是將它視為一個「特殊的」功能，甚至是種單獨的「物質」，就像是在心智過程中飄散、但與心智過程或其基礎無關的一抹香氣。甚至連我們這些構想出不那麼離譜的問題解答的人，都讓意識變得比它實際上更神祕。[16]

---

16. 我的同事馬克斯‧亨寧（Max Henning）對上述這段話的評論如下：「心智主體不是定位在某個特殊且明確的生理功能或物質中，而是在心流中每個意像的屬性裡逐一定位，這樣說明意識在佛教哲學中有個耐人尋味的先例。具體地說，佛教教義的『無我』（巴利語為 anattā）和『緣起』認為，心智主體或『自我』沒有清楚的實體本質，它只在與心智『客體』的關係中存在，而誠如哲學家大衛‧羅伊（David Loy）所說，心智客體又只在與主體的關係中存在。關於意識本質和心智主體，這種明顯融合救贖論和認識論的探索，引發了進一步的研究。」

David R. Loy, *Nonduality: In Buddhism and Other Spiritual Traditions* (Wisdom Publications, 2019).

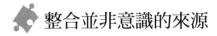 整合並非意識的來源

當我們描述自己意識到特定的場景時，我們需要大量整合那個場景的成分。然而，沒有道理預期，光是整合（無論有多豐富）就能擔起意識的重責大任。在大量的流動意像材料上整合更多心智內容，可以傳送更大範圍的有意識材料，但我懷疑光把提供的內容「綁在一起」是否真能說明意識。意識的湧現，不只是因為適當地組裝心智內容。我認為，整合的結果是擴大了心智範圍。開始產生意識的是，用某種表明有機體就是心智所有人的知識來為心流加料。開始讓我的心智內容有意識的是，確認**我**就是當前心智持有物的擁有者。

「所有權」這種知識可以從特定的事實獲得，也可以相當直接地從恆定感受得到。只要一有需要，恆定感受都能輕易、自然且即時地將我的心智與我的身體毫不含糊地**視為一體**，無須額外的推理或計算。[17]

17. 朱利奧·托諾尼（Giulio Tononi）和克里斯多福·柯霍（Christof Koch）在訊息整合方面扮演了不同的角色。參見 Christof Koch, *The Feeling of Life Itself: Why Consciousness is Widespread but Can't Be Computed* (Cambridge, Mass.: MIT press, 2019). 書名的「感受」（feeling）一詞，明顯是指認知因素的結合，而不是我在本書中討論的情感現象。

 意識和注意力

　　意識不像是雞蛋和牛奶這般簡單。它的等級主要對應
於任何時候都能變得有意識的心智材料是哪種和有多少。
然而，心智中的材料種類與個體對它的注意力之間有奇特
的相互影響，因此分級十分複雜。

　　舉例來說，當我開始寫這頁時，我相當專注在我希望
傳達的想法。但在我仔細思索內容時發生了一些事；我也
按下了CD播放器的遙控，隨後傳來當天稍早我選擇的CD
音樂。我意識心智的範圍大大地擴展到容納新的材料，但
我現在被分成我寫作的主題（意識的範圍！），以及嚴格
比較我正在聽的這位鋼琴家解析某些樂句的方式與另一位
年長的鋼琴家如何彈奏完全相同的樂章。這段文字說明了
結果：我計畫的主要目的鑲嵌在背景裡，仍在「有意識的
心智」中，卻不是近在眼前，而音樂則頑強地堅持引起我
的注意。

不久之後，兩者的地位互換，我再次地書寫意識。

我曾經分心，但現在又回到適當的專注。

只從意識、或只從注意力方面來分析我的分心並不合理。在這件事上，兩者都佔有一席之地。

提高某些意像或其影片「編輯」（選擇的鏡頭多大或需要的時間多長）的品質，嚴格來說，這個次級過程屬於注意力範疇的議題。

然而，在將「注意力」分配給可供選擇進入心流的材料時，無視情感的角色也不合理。決定萊夫‧奧維‧安涅斯（Leif Ove Andsnes）跟瑪塔‧阿格麗希（Martha Argerich）有何不同和作品中哪裡不同，突然之間比澄清我對意識範圍的想法更有吸引力（更有樂趣）。我讓這個令人愉快的任務主導了整個過程。

以上透露的一切都不應改變我們對生物現實的解釋：為我的心智選擇的內容被認定是屬於我的，這要歸功於宣告我是它們唯一所有者的基本感受過程，也要歸功於附加的事實，這些事實描述了我當下的境況：坐在我的書桌旁，周圍有隆隆作響的聲音，太陽落在蓋蒂博物館（Getty Museum）上，就在我的右側、差不多西北的方向。

注意力幫助管理心智中豐富的意像產物。它這麼做的根據是（a）意像本身的物理特性，例如顏色、聲音、形狀、關係，以及（b）意像的個人重要性（在個人記憶的幫助下確立）和歷史重要性。情緒反應和認知反應的混

合，接著決定分配多少時間和比例給有意識的心流納入的
意像。[18]

18. 史坦尼斯勒斯‧狄漢（Stanislas Dehaene）和尚－皮耶‧熊哲
    （Jean-Pierre Changeux）對闡明注意力和意識的交集有卓越貢
    獻，他們也提供了這個領域的重要教材。參見 Sanislas Dehaene,
    *Consciousness and the Brain: Deciphering How the Brain Codes Our
    Thoughts* (New York: Viking, 2014).

🧩 基質也算在內

計算科學的卓越成就有個詭異的結果，那就是認為心智（包含人類的心智）不會仰賴支持它們的基質。我來解釋一下這個想法。我在寫這些句子時用的是 Paper Mate 的 2 號鉛筆，寫在黃色的筆記本上，但我也可能用舊式的 Olivetti 打字機打出來或記在我的 iPad 裡，或是寫在我的筆記型電腦裡。我的文字都會一樣，語法和標點也全都一樣。想法和它們的語言闡釋，完全獨立於用來傳達它們的基質。乍看之下，這句話似乎很合理，但它並不符合感受／意識心智的實際情況。我們能不能說我們心智的內容獨立於乘載它們的有機基質，亦即它們所屬的大腦和活生物體之外？確實不能。我們建構的敘事、敘事裡的角色和事件、我們對於在這些事件中演出的角色所做的考量、我們賦予這些角色的情緒，以及我們在觀看事件展開和對其做出反應時的經驗，全都仰賴它們的有機基質。認為我心智

的內容相對於神經系統和活生物體，就等同是我在寫的文本相對於它許多可能的基質（鉛筆、打字機、電腦），這種想法大有問題。

我們大部分（有時候是絕大多數）的心智經驗，並非嚴格地受限於在心流中向前流動的敘事裡的物體、角色和失誤。很大部分也包括了有機體本身的經驗，這種經驗取決於那個有機體的生命狀態，無論好或不怎麼好。最終，對我們心智經驗的最佳描述是「存有」的經驗，而「其他心智內容」隨之流動。「其他心智內容」跟「存有的內容」平行流動。此外，「存有」和「其他心智內容」會進行對話。兩者之中總有一個主導心智時刻，由誰作主則視各自描述的豐富程度而定。非神經和神經元素建構而成的「存有」部分，即使在沒有主導權的情況下仍一直存在。要是說我們的意識心智獨立於基質，就像是說可以摒棄「存有」這棟宏偉建築，只有「其他心智內容」才算在內。這會否認心智經驗的基礎，一開始是**特定種類的有機體在特定狀態下的經驗／意識**。

基質也算在內，它一定得算在內，因為**那個基質就是正在經驗故事並對故事做出情感反應的那個人的有機體。**那個人的情感系統也被「借用」，賦予故事所描寫角色的情緒一些生命樣貌。

失去意識

　　知名哲學家約翰‧瑟爾（John Searle）喜歡用一個優美簡潔的定義來為他的意識講題演說開場，這個定義表明了他對問題的滿意解答。他會說，意識一點也不神祕。意識只不過是當你處於麻醉狀態或進入深沉無夢的睡眠時，消失不見的東西。[19] 這樣的演講開場當然很有吸引力，但它並不足以作為意識的定義，而且它在麻醉方面會有誤導之嫌。

　　話說得也沒錯，在深沉睡眠中或麻醉狀態下確實無法使用意識。處於昏迷或持續性植物人狀態的時候，哪兒都找不到意識；在各種藥物和酒精的影響之下，意識可能受到危害；而當我們昏倒時，意識會短暫地悄悄溜走。雖然或許看來如此，但意識**並未**喪失，像是有種名為閉鎖症候

---

19. 個人回憶。

群的毀滅性症狀，患者因神經系統受損無法與人溝通，**似乎**也不能覺察自己和周遭環境，但實際上他們完全是有意識的。

遺憾的是，妨礙意識的麻醉或神經系統病症，無論哪個都無法藉由特定針對我一直在描述的建構意識心智的機制來達到這個結果。麻醉和病理狀態都是非常不靈敏的工具。[20]它們**作用的目標是正常意識仰賴的功能**，而不是意識本身。誠如我先前指出的，手術使用大量麻醉劑是立刻暫停**感覺／偵測**的快速手段，而感覺／偵測是在討論**無心和非意識的細菌**時我提醒注意的有趣功能。支持這段陳述的證據相當清楚。細菌能夠感覺而植物也能，但兩者都沒有心智也沒有意識。儘管如此，麻醉劑還是能暫停它們的感覺，讓它們處於真正的冬眠狀態，同時顯然沒有**特定**對意識——細菌和植物原先都沒有的功能——做些什麼。

感覺不能使我們享有心智或意識，但缺少了感覺，我們就無法建立運作來逐步實現單純心智、感受和自我參照——最終讓**意識心智**成為可能的原料。簡單來說，就我認為麻醉劑主要不是改變意識，它們改變的是感覺。而它們最終阻斷集中意識心智的能力，則是非常有用和實際的

---

20. František Baluška, Ken Yokawa, Stefano Mancuso, & Keith Baverstock, "Understanding of Anesthesia — Why Consciousness Is Essential for Life and Not Based on Genes," *Communicative and Integrative Biology* 9, no. 6 (2016), doi.org/10.1080/19420889.2016.1238118.

效果，因為我們感興趣的是如何在完全沒有意識到疼痛的情況下進行手術。

數千年來，人們出於各種個人和社會原因所使用的酒精、大量止痛藥和眾多毒品，提供了另一個例子示範組裝意識心智的正常過程如何受到**干擾**，而且它們還更準確一些。它們能使意識的最終組合不安定，或是可以打斷關鍵的步驟。這種關聯並不尋常。解釋物質（例如迷幻藥和酒精）使用和濫用的長期個人和社會原因，跟它們對感受的生理影響密切相關。使用者感興趣的不是修改意識，而主要是修改某些恆定感受，像是痛苦和抑鬱（我們全都希望見到它們在人間消失），以及安適和愉悅（我們全都希望把它們放到最大，如果可以就再大一點）。

很顯然，任何能夠潛入恆定感受巢穴的藥品，都找得到進入意識機制的途徑，這在很大程度上是以恆定感受的過程為基礎。就是這種關聯解釋了藥品對意識過程的干擾。

那麼暈厥、也就是所謂的昏倒，又是怎麼一回事呢？我們昏倒的原因是流向腦幹和大腦皮質的血流，突然下降到低於某個極限的程度。因此輸送到某些腦區中神經元的氧氣和營養素不夠，結果導致大範圍的腦部暫停運作，這些腦區，尤其是在腦幹中，對感受的組裝有重大貢獻。來自有機體內部的訊息突然間被阻擋在中樞神經之外，而

感受對意識的貢獻也被粗暴地打斷。肌肉張力跟環境和自我感一樣受到危害，這就是為什麼受害者會昏厥、搖晃而且倒在地上，像是一些著名患者在巴黎硝石庫醫院（Salpêtrière Hospital）的神經學家讓－馬丹·沙爾科（Jean-Martin Charcot）的權威示範中所表現的那樣。沙爾科是十九世紀後半葉神經學和精神醫學的先驅，因為研究一種現已不存在的疾病歇斯底里症而出名。佛洛伊德上過他的一些課，受到不小的影響。

　　將失去意識連結到腦幹是現代的觀點，提出的人是另一位歷史人物：神經學家弗雷德·普拉姆（Fred Plum）。[21] 為什麼腦幹是意識的關鍵，我的詮釋跟感受是體內恆定運作的表現**及**產生意識絕對少不了感受的概念有關。現今我們知道，體內恆定和感受兩者背後機制的重要成分位在腦幹的上方部分，就在三叉神經入口的高度之上，準確來說是在那個部分的後半部（圖IV.1 中標示為 B 的區域）。有趣的是，腦幹這個部分受損，已公認是昏迷的原因。[22]

---

21. Jerome B. Posner, Clifford B. Saper, Nicholas D. Schiff, & Fred Plum, *Plum and Posner's Diagnosis of Stupor and Coma* (New York: Oxford University Press, 2007).

22. 參見 Damasio, *Feeling of What Happens*, 第八章關於意識的神經學。另外參見 Josef Parvizi & Antonio Damasio, "Neuroanatomical Correlates of Brainstem Coma," *Brain* 126, no. 7 (2003): 1524-36; Josef Parvizi & Antonio Damasio, "Consciousness and the Brainstem," *Cognition* 79, no. 1(2001): 135-60.

但奇怪的是，相同部分的前半部（同一圖中標示為 A 的區域）受損則**不會**造成昏迷，一點都**不會**危害到意識，而是產生我先前提過的「閉鎖」症狀。閉鎖症候群的不幸受害者是處於清醒、警覺且有意識的狀態，但大多都完全無法動彈，因此徹底縮減了他們的溝通能力。

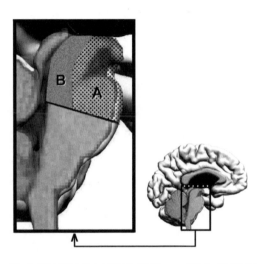

圖IV.1：放大腦幹部位以顯示細節。B區內的損傷與失去意識有顯著相關。A區內的損傷與動作障礙有關。

意識形成中的大腦皮質與腦幹

　　一般認為，後感覺皮質是意識的自然基礎，與前額葉皮質不同。好像有那麼一點真實，但也只有一點點。實際情況更為複雜。

　　主要位於大腦背部的後感覺皮質，包含所謂的「早期」感覺皮質，如視覺、聽覺和觸覺，它們是視覺、聽覺、和觸覺意像最重要的製作者和展示者。然而，相交在顳頂交界區（temporal parietal junction，TPJ）的各感覺形態所謂的「高階」聯合皮質，也參與了意像製造與合成意像的組裝（參見圖 IV.2，其中分別標示主要的大腦皮質）。

　　實際上，整個側面與後面的皮質範圍都參與了意像製造和意像呈現，也可以說這個範圍參與了製造心智的過程。

　　但我們要問的意識又如何呢？大腦這個範圍是否也努力地讓各別的心智有意識呢？至少在某種程度上看似如

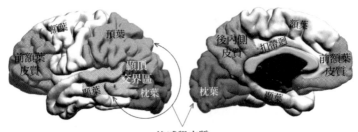

圖IV.2：人類大腦皮質的主要區域。

此。意識是個基於意像的過程，需要大量的意像作為基質，而後感覺皮質提供了豐富的意像。這些皮質的某些區域幫忙整合意像，還很可能在它們變得有意識時編排它們的順序。然而，讓我們意識到意像（由後皮質輕鬆組構和排序）的是，**證明這些意像屬於誰的外加知識**，亦即發現這些意像屬於一個具有獨特生理特質和扎根於記憶之獨特心智歷史的特定有機體。

對於那些期待後感覺皮質是意識唯一供應者的人來說，麻煩就從這裡開始：**賦予意像所有權的主要機制是恆定感受的存在，但這樣的存在並非主要仰賴後皮質**。誠如我們已知的，感受是混合過程，這些過程的意像描寫了內感神經系統與我們內部實際內臟之間來來回回的互動。

負責感受的結構位於（1）內感系統的周邊部分、（2）腦幹神經核、（3）扣帶迴皮質，以及（4）腦島皮質。腦

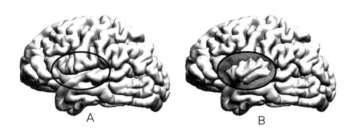

圖IV.3：腦島皮質埋在各半球的深處。A圖中的橢圓形標示腦島皮質所在的皮質範圍，實際位置如B圖所示。

島區的輸入與整體設計，都讓它能整合內部過程來自多處的表徵，包括對應於感應器與實際內臟互動的那些。更高層次的感受過程可能仰賴腦島皮質區，這個部分完結並且精進在連串途徑中由許多先前結構達成的工作，這一長串始於脊神經節和脊髓，然後在腦幹繼續，尤其是在臂旁核、導水管周邊灰質和孤束核。腦島皮質與進入其中的皮質下部分，一起構成了「情感複合體」（參見圖IV.3和4）。

　　此時，關鍵問題在於怎樣結合這兩組結構——後感覺皮質和「情感複合體」——來產生有意識的心智？我設想了兩種可能性。其中一種需要從「情感複合體」到「後感覺皮質」的實際神經投射，以及反方向的投射。另一種可能性需要這兩組結構大約同時活化，由此產生基於時間的集合。無論是哪一種，最終實現意識心智都得仰賴這兩組

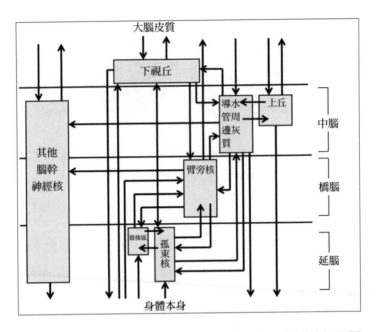

大腦皮質

下視丘

導水管周邊灰質

上丘

中腦

其他腦幹神經核

臂旁核

橋腦

最後區

孤束核

延腦

身體本身

圖IV.4：圖解情感過程涉及的主要腦幹結構、它們的相互關聯、輸入的來源，以及輸出的目標。

大腦結構；我們無法將意識「定位」在任何一組結構。此外，在協調意識心智過程中，大腦皮質的另一個部分似乎也發揮了作用。這個部分名為後內側皮質（Postero Medical Cortices, PMC，參見圖 IV.2），它涵蓋了主要位於大腦半球內側與後側表面的皮質。這個區域可能會指導其他大腦皮質參與意識心智的形成。

那額葉皮質又如何呢？它們是否參與了意識的形成？

答案是，前額葉皮質（圖 IV.2 的前額葉皮質）在產生意識心智的過程中**沒有**主要的作用。經典的人類腦傷研究證明，前額葉皮質受損、甚至手術切除，都不會危及讓心智有意識的基本過程。前額葉皮質參與了意像操弄，並且促使在後感覺皮質中組構的意像活化、排序和空間定位，擔任的是後感覺皮質和 PMC 的某些區域也扮演的編排角色。額葉皮質似乎有助於組裝廣闊的心智全景——真真正正闡明和確認意識過程是我們的。

雖然額葉部分明顯地促成智力的心智運作（推理、決策判斷、創造性建構），但它對於基本意識所仰賴的必要知識加料似乎沒有貢獻。它不證明心智是誰擁有的，也不授予它所有權，但它有助於產生大範圍的**延伸心智**，以此表徵人類處於巔峰的能力。[23]

23. Antonio Damasio, *Self Comes to Mind: Constructing the Conscious Brain* (New York: Pantheon, 2010); Antonio Damasio, Hanna Damasio, & Daniel Tranel, "Persistence of Feelings and Sentience After Bilateral Damage of the Insula," *Cerebral Cortex* 23 (2012): 833-46; Antonio Damasio & Kaspar Meyer, "Consciousness: An Overview of the Phenomenon and of Its Possible Neural Basis,' in *The Neurology of Consciousness*, ed. Steven Laureys & Giulio Tononi (Burlington, Mass.: Elsevier, 2009), 3-14.

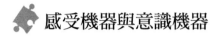# 感受機器與意識機器

　　機器人學是人工智慧（artificial intelligence, AI）的終極表現，首先我要說，「人工」一詞實在是再恰當不過。讓我們的生活如此有效和舒適的裝置，它們的智力一點都不「自然」，而它們的建構也一點都不「自然」。儘管如此，但開發出AI和機器人學的優秀發明家和工程師，受到的啟發是來自於自然的活生物體，特別是生物解決自身面臨的問題所用的聰慧，以及牠們的運動效能和經濟性。

　　有人或許期待，AI和機器人學的先驅找尋靈感的對象是如人類這般的完整存在：充滿效率和調度，但對我們有效調度的一切也充滿感受，簡單地說，就是對我們所做的（和要完成的）感到喜悅、甚至欣喜若狂，而在需要時也會感到沮喪、難過、甚至痛苦不堪。

　　然而，優秀的先驅們採取經濟的作法，直接切入正題。他們試著模擬他們認為最基本且最有用的東西（姑且

稱之為純粹智力），同時省略了他們認為大概是多餘、甚至不便的東西：**感受之類的東西**。他們很有可能認為情感不但古怪而且過時無用，是在大步邁向清晰思考、確實解決問題和精確行動的過程中遺留下來的東西。

鑑於過往的歷史，可以理解他們為何如此選擇。毫無疑問地，這個選擇產生了許多與之相稱的絕佳成果和財富。

然而，我持保留態度的是，這些先驅在照這樣繼續前進的過程中，洩漏了一個關於人類演化的重大誤解，也因為這樣而限制了 AI 和相應的機器人學在創造潛力和終極智力程度方面的發展範圍。

根據我們在本書一直討論的內容，應該不難看出演化誤解是什麼。總體情感，也就是源自於驅力、動機、恆定調節和情緒的感受經驗，是**智力的先行表現**，十分適應且有效率，還是創造力出現和發展的關鍵。它比（例如）細菌的隱藏、盲目能力高了好幾個等級，但與成熟的人類智力還相去甚遠。總體情感確實是個墊腳石，幫助意識心智逐漸發展擴大成更高的智力。在我們人類逐步贏得自主的發展過程中，總體情感是源頭、也是工具。

現在該是時候承認這些事實，並且開啟 AI 和機器人學的歷史新頁。很顯然，我們可以開發出運作近似於「恆定感受」的機器。為了做到這點，我們必須給機器人一個需要調節和調整才能持續存在的「身體」。

換句話說，我們必須在機器人學如此珍視的強韌性上，幾乎是自相矛盾地增加一定程度的脆弱性。

　　現今，想要達成這點可以透過在機器人的結構各處放置感應器、讓感應器偵測和記錄身體或高或低的效率狀態，並且整合相應的訊息。名為「軟性機器人學」的新穎科技，實現這項發展的作法是把堅硬的結構換成可調整的彈性結構。

　　我們也需要將這種「感覺和感覺到的」身體影響，轉移到處理和回應機器周遭情況的有機體成分，以便可以選擇最有效（最聰明）的反應。換句話說，機器在自己身體中「感受」的東西，在對周遭情況作出反應這件事上有發言權。這裡的「發言權」是為了增進**反應的品質和效率**，由此讓機器人的行為比在缺乏內在情況的引導下更聰明。感受機器不是冷漠且可預測的機器人。在某種程度上，它們照顧自己，而且比自身條件聰明。

　　這樣的「感受」機器會變成「意識」機器嗎？嗯⋯⋯不會這麼快。它們確實發展出意識相關的功能元素，感受是通往意識的必經之路，但它們的「感受」並不等同於活生物的感受。這類機器的最終意識「程度」，將取決於「機器內部」與其「外圍事物」兩者內在表徵的複雜性。

　　在適當的環境下，混合自然與人工生物的新一代「感受機器」，很可能逐漸有效地協助真正有感受的人類。同

樣重要的是，這種新一代的機器將會構成獨一無二的實驗室，能在各種實際的現實環境中研究人類行為和心智。[24]

24. Kingson Man & Antonio Damasio, "Homeostasis and Soft Robotics in the Design of Feeling Machines," *Nature Machine Intelligence* 1 (2019): 446-52, doi.org/10.1038/s42256-019-0103-7.

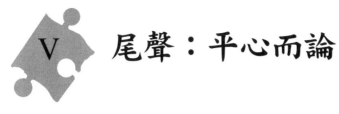

V 尾聲：平心而論

生命和天擇，是我們發現周遭許多生物存在，以及我們自己也存在的原因。數十億年來，形形色色的有機體在或多或少的有限時間內，不畏艱難地堅持活著，一旦他們的生存抵達自然或意外的終點，就會讓位騰出空間給其他的活生物體。在這傳奇故事中後來才登場的人類，不僅小心翼翼地忍耐和擴張領地，而且行為變得越來越精巧複雜，還能創造適合自己的環境，並且主宰了整個地球。

　　在這巨幅的成功全景畫中，我特別感興趣的，是讓這一切成為可能的機制。哪些特殊的特徵和戰略導致這樣的大勝利？它們真的是人類才有的新穎玩意兒，在需要時從零開始演化出來解決人類的問題，或者它們實際上是舊物翻新，屬於生物世襲遺產中已經可用的解決方案一部分？

　　在尋找這種機制的過程中，我們從人類意識心智本身開始考慮並不那麼令人意外。作為可能負責將全人類移往當前崇高地位的工具，意識心智顯得非常重要。強而有力的人類意識心智受到驚人的學習和記憶能力的協助，推理、決策和創造等卓越能力也幫上了忙，所有能力都由言語、數學和音樂範疇的語言機能加以補足。由此裝備齊全後，人類就能夠在最短時間內從「單純的生命」轉變成「感與知的生命」。怪不得人類會發明道德系統和宗教、藝術、科學和技術、政治學和經濟學，另外還有哲學，簡單來說，從零開始發明我們（帶著永不滿足的傲慢和專橫）所謂的人類文化。已將地球重塑成符合人類目

標——生物量和單純的物理結構——的我們，接著打算對星際間的太空內容物做同樣的事。

有意識的心智和人類文化的發明如何幫助了我們因應生命這場大戲的描述，內含一些明顯的真理，但也忽略重要的事實。不幸的是，這些疏漏導致了扭曲解釋人類成就和困境，也造成了錯誤描述可能的未來。

人類機能的例外論取向，產生了人類與非人類因應能力之間的誇張區別，這樣的區別是嚴重的錯誤。例外論一談到人類就很浮誇，對於非人類則是無理地予以貶低，這種取向無法承認從微生物到人類之間各種生命的彼此依賴與合作。終極情況是，它無法承認從生命一開始就表現在自然界甚至在開始之前的物理和化學中的強大**基調、設計和機制**不但存在，而且十分可能對於通常認為專屬人類的文化發展的藍圖至少有部分作為。

根本的基調是生命本身，然後配備容許**體內恆定**和一組**恆定指令**的整套化學關係與平衡，協助識別生命傳導範圍的危險偏誤並指揮必要的校正。從細菌到人類的各種有機體，全都仰賴這個根本基調。

在令人謙卑的意外名單上，列出的下一個是幫助維持恆定要求的設計和機制。我指的是智力，也就是運用良好辦法解決生活引起的問題的能力，範圍可從獲取基本的能量來源（例如營養素和氧氣），到控制領地、再到防禦入侵，加上處理這些問題的策略（例如社會合作與對峙）。

這種智力最初且有力的例子，再一次出現在細菌中。它們輕輕鬆鬆地就解決先前列出的所有問題。它們的智力是非外顯的，沒有仰賴具備有機體結構意像或周遭世界意像的心智。外顯智力也不仰賴感受（有機體內在狀態的指標），或隨之而來的有機體所有權和出自這種所有權的獨特觀點，簡單地說，就是不仰賴我們稱為意識的現象。然而，這種簡單有機體的無心、非外顯、隱藏的能力，已讓它們的生命成功延續了幾十億年，還為出現在多細胞、有頭腦生物（像是人類）的有心、外顯、顯性的智力提供了強而有力的設計。在細菌（或就此而言植物也是）中起重要作用的簡單卻影響深遠的感覺／偵側能力，是讓簡單有機體能偵測刺激（像是溫度和其他生物的存在）並前瞻、防衛地做出反應的創新機制。說來奇怪，認知這樣樸實的初登場，預言了顯性感受後來會在心智環境中有什麼貢獻。

　　基於顯性、多維度模式繪圖的心智是強而有力的一大進展，它允許了有機體外在世界的意像和內在世界的意像同時形成。外部意像引導有機體在所處環境中成功地行動，但感受——內部（既是心智也是生理）的混合、互動過程——是自神經系統在僅僅5億年前現身以來，實現適應性和創造性行動的最傑出推手。它們也為如此配備和創建意識的生物提供了指引和激勵。

　　社會現象以及人類文化的卓越工具有何外觀和結構，

必須從先於它們並實現它們的生物現象的觀點來了解。後者的一長串名單包括**恆定調節、非外顯智力、感覺、製造意像的機制、作為複雜有機體內生命狀態的心智翻譯的感受、意識本身，以及社會合作的機制**。後者在生命史上的強大前身，是細菌的「群聚感應」能力。關於物種間合作的卓越成果，我們可以仔細想想人類微生物體這個生動例子，我們在其中發現，數以兆計的合作細菌在從我們人類生命取得維護自己生命週期所需的同時，也幫助了我們每個個體生命保持良好的健康。關於這點，也可以想想森林裡的合作無間，其中包含地面上和地面下的樹木和真菌。

無論如何，我們確實都該佩服、甚至頌揚人類意識心智的獨特成就，以及它創造的一切令人讚嘆的新穎事物，這遠遠地超越了大自然已然引導的解決之道。然而，我們需要平衡報導人類如何發展至今，並且認清這個事實：我們用來在生存環境下大獲成功的基本設備，包含了在個體與社會成功的漫長歷史中，先前曾被其他生命用過的設備的變形和升級版本。我們必須尊重自然本身非凡且不完全被理解的智力和設計。

在我們從人類智力和感性所創造的偉大藝術中認識到的和諧或恐怖背後，存在著安適、愉悅、苦難和痛苦的相關感受。在這樣的感受背後，有著遵從或違背體內恆定要求的生命狀態。而在這種生命狀態之下，藏著負責發展出生命與調和日月星辰之音的物理和化學過程編排。

在我們因應人類對地球與其中的生命造成的大破壞時——這些破壞很可能是我們當前面臨的某些災難（氣候變遷和全球疫情就是兩個最顯著的例子）的原因，承認優先順序，並認可相互依賴或許派得上用場。我們將因此而更有動力去聆聽某些人的聲音，這些人全心全意地投入在徹底思考我們面臨的大規模問題，並且提出睿智、實際、合乎道德且相容於人類盤據的豪華生物舞台的解決之道。終究還有些希望，或許我們也應該樂觀一點。[1]

---

1. 對於人類當前的困境該如何反應，彼得・辛格（Peter Singer）和保羅・法莫爾（Paul Farmer）的想法是我特別推崇的例子。參見 Peter Singer, *The Expanding Circle: Ethics, Evolution, and Moral Progress* (Princeton, N.J.: Princeton University press, 2011); Paul Farmer, *Fevers, Feuds, and Diamonds: Ebola and the Ravages of History* (New York: Farrar, Straus & Giroux, 2020).

 延伸閱讀

Lawrence W. Barsalou. "Grounded Cognition." *Annual Review of Psychology* 59(2008): 617-45.

Nick Bostrom. *Superintelligence: Paths, Dangers, Strategies.* Oxford: Oxford University Press, 2014.

Sean Carroll. *The Big Picture.* New York: Sutton, 2016.

John Gray. *The Silence of Animals: On Progress and Other Modern Myths.* New York: Farrar, Straus, and Giroux, 2013.

Siri Hustvedt. *The Delusions of Certainty.* New York: Simon & Schuster, 2017.

Rodrigo Quian Quiroga. "Plugging into Human Memory: Advantages, Challenges, and Insights from Human Single-Neuron Recordings," *Cell* 179, no. 5(2019): 1015-32. doi. org/10.1016/j.cell.2019.10.016.

David Rudrauf, Daniel Bennequin, Isabela Granic, Gregory Landini, Karl Friston, and Kenneth Williford. "A Mathematical Model of Embodied Consciousness." *Journal of Theoretical Biology* 428(2017): 106-31. doi. org/10.1016/j.jtbi.2017.05.032.

John S. Torday. "A Central Theory of Biology," *Medical Hypotheses* 85, no. 1(2015): 49-57.

Luis P. Villarreal. "Are Viruses Alive?" *Scientific American* 291, no. 6(2004): 100-105. doi.org/10.2307/26060805.

Edward O. Wilson. *The Social Conquest of the Earth*. New York: Liveright, 2012.

Colin Klein & Andrew B. Barron, "How Experimental Neuroscientists Can Fix the Hard Problem of Consciousness," *Neuroscience of Consciousness* 2020, no. 1 (2020): niaa009, doi.org/10.1093.nc/niaa009.

致謝

作者通常在致謝這個部分描述自己特定的計畫在什麼樣的情況下誕生。然而，就這本書來說，我已經在前言解釋過，我的編輯丹‧弗蘭克的想法以及我對傳統科學書籍格式的挫折感，如何引導我寫出《感與知》這本書。我很感謝他鼓勵我認真地重新審視自己的研究，我也因此領悟到自己真的解決了一些讓我十分苦惱的科學問題。

這裡也是用來表彰同事和朋友的地方，謝謝他們讓這樣古怪的追求成真。首先我要感謝「腦與創意研究所」（Brain and Creativity Institute）的同事們，因為有了他們，我才能在日常的科學生活中交換生物學、心理學和神經科學等各領域的想法。有些同事耐心地讀完這本書的最初手稿，提出了理性的評論，並給我明智的建議，他們是Kingson Man、Jonas Kaplan、Max Henning、Helder Araujo、Anthony Vacarro、John Monterosso、

Marco Verweij、Gil Carvalho、Assal Habibi、Rael Cahn、Mary Helen Immordino-Yang、Leonardo Christov-Moore、Morteza Dehghani，以及 Lisa Aziz Zadeh。

還有許多朋友相當善意地閱讀、鼓勵和提出意見。這些人包括 Peter Sacks、Jorie Graham、Hartmut Neven、Nicolas Bergruen、Dan Tranel、Josef Parvizi、Barbara Guggenheim、Regina Weingarten、Julian Morris、Landon Ross、Silvia Gaspardo Moro，以及 Charles Ray。我的感激之情無以言表，因為其中有些人已不止一次在我笨拙地努力寫出想法時陪伴我。

過去這些年來，我注意到自己在寫書時很仰賴工作環境的穩定性，而我聆聽的音樂和觀賞的藝術已成為我持續工作不可或缺的部分。我很清楚，先前幾本書的完成絕對不能缺少皮耶絲（Maria João Pires）、馬友友和巴倫波因（Daniel Barenhoim）等了不起的藝術家和友人。這一次，大提琴家 Elena Andreyev 和她版本豐富的巴哈無伴奏大提琴組曲，成為我在需要時可投靠的穩定、清澈寶島。我很感謝她的陪伴。

Michael Carlisle 和 Alexix Hurley 不只是最專業的作家經紀人，更是不可或缺的朋友。我要謝謝他們的風趣幽默和加油打氣。

我再也無法想像沒有 Denise Nakamura 的職場生活。她是最冷靜也最能幹的行政經理，她以少有人能達到的冷

靜搜尋書目，而且完美無瑕地整理我手寫和口述的文本。再多的感激都無法表達我對她的謝意。

　　我的妻子漢娜了解我在想些什麼，但她仍然仔細閱讀我寫的每一個字。無論同不同意我的想法，她都耐心地提出有建設性的意見。她是完成這本書的重大功臣，我要在此向她致上最深的感激。

國家圖書館出版品預行編目資料

感與知：讓「心」有意識：神經科學大師剖析感受、心智與意識之間關係
的科學證據/安東尼歐.達馬吉歐（Antonio Damasio）著；李明芝譯. -- 初
版. -- 臺北市：商周出版：英屬蓋曼群島商家庭傳媒股份有限公司城邦分
公司發行, 2021.12
　　面；　公分. --（科學新視野；176）
　　譯自：Feeling and knowing : making minds conscious
　　ISBN 978-626-318-065-9（平裝）

　　1.意識　2.腦部　3.神經生理學

176.9　　　　　　　　　　　　　　　　　　　　110018587

科學新視野 176

感與知：讓「心」有意識

神經科學大師剖析感受、心智與意識之間關係的科學證據

作　　　者/安東尼歐‧達馬吉歐（Antonio Damasio）
譯　　　者/李明芝
企 劃 選 書/黃靖卉
責 任 編 輯/黃靖卉

版　　　權/吳亭儀、江欣瑜
行 銷 業 務/周佑潔、賴正祐、賴玉嵐
總 編 輯/黃靖卉
總 經 理/彭之琬
事業群總經理/黃淑貞
發 行 人/何飛鵬
法 律 顧 問/元禾法律事務所 王子文律師
出　　　版/商周出版
　　　　　　臺北市 104 民生東路二段 141 號 9 樓
　　　　　　電話：(02) 25007008　傳眞：(02)25007759
　　　　　　E-mail：bwp.service@cite.com.tw
　　　　　　Blog：http：//bwp25007008.pixnet.net/blog
發　　　行/英屬蓋曼群島商家庭傳媒股份有限公司城邦分公司
　　　　　　臺北市中山區民生東路二段 141 號 2 樓
　　　　　　書虫客服服務專線：(02)25007718；(02)25007719
　　　　　　服務時間：週一至週五上午09:30-12:00；下午13:30-17:00
　　　　　　24小時傳眞專線：(02)25001990；(02)25001991
　　　　　　劃撥帳號：19863813；戶名：書虫股份有限公司
　　　　　　讀者服務信箱：service@readingclub.com.tw
　　　　　　城邦讀書花園：www.cite.com.tw
香港發行所/城邦（香港）出版集團有限公司
　　　　　　香港灣仔駱克道 193 號東超商業中心 1 樓
　　　　　　E-mail：hkcite@biznetvigator.com
　　　　　　電話：(852) 25086231 傳眞：(852) 25789337
馬新發行所/城邦（馬新）出版集團【Cite (M) Sdn. Bhd.】
　　　　　　41, Jalan Radin Anum, Bandar Baru Sri Petaling,
　　　　　　57000 Kuala Lumpur, Malaysia.
　　　　　　Tel: (603) 90563833　Fax: (603) 90576622
　　　　　　Email: services@cite.my

封 面 設 計/徐璽設計工作室
排　　　版/極翔企業有限公司
印　　　刷/中原造像股份有限公司
經 銷 商/聯合發行股份有限公司
　　　　　　地址：新北市 231 新店區寶橋路 235 巷 6 弄 6 號 2 樓
　　　　　　電話：(02) 2917-8022　Fax: (02) 2911-0053

■ 2021 年 12 月 2 日一版一刷　　　　　　　　　　Printed in Taiwan
■ 2023 年 10 月 17 日一版 1.9 刷
定價 320 元

城邦讀書花園
www.cite.com.tw

讀者回函卡

線上版讀者回函

感謝您購買我們出版的書籍！請費心填寫此回函卡，我們將不定期寄上城邦集團最新的出版訊息。

姓名：_____　性別：□男　□女

生日：西元_____年_____月_____日

地址：_____

聯絡電話：_____　傳真：_____

E-mail：

學歷：□ 1. 小學 □ 2. 國中 □ 3. 高中 □ 4. 大學 □ 5. 研究所以上

職業：□ 1. 學生 □ 2. 軍公教 □ 3. 服務 □ 4. 金融 □ 5. 製造 □ 6. 資訊

　　　□ 7. 傳播 □ 8. 自由業 □ 9. 農漁牧 □ 10. 家管 □ 11. 退休

　　　□ 12. 其他_____

您從何種方式得知本書消息？

　　　□ 1. 書店 □ 2. 網路 □ 3. 報紙 □ 4. 雜誌 □ 5. 廣播 □ 6. 電視

　　　□ 7. 親友推薦 □ 8. 其他_____

您通常以何種方式購書？

　　　□ 1. 書店 □ 2. 網路 □ 3. 傳真訂購 □ 4. 郵局劃撥 □ 5. 其他_____

您喜歡閱讀那些類別的書籍？

　　　□ 1. 財經商業 □ 2. 自然科學 □ 3. 歷史 □ 4. 法律 □ 5. 文學

　　　□ 6. 休閒旅遊 □ 7. 小說 □ 8. 人物傳記 □ 9. 生活、勵志 □ 10. 其他

對我們的建議：_____

_____

_____